hommes et montagnes

Dans la même collection Hommes et Montagnes :

Bernard Amy, *Le Meilleur Grimpeur du monde*
Bernard Amy, *Le Voyage à la cime*
Conrad Anker et David Roberts, *Mallory et Irvine, à la recherche des fantômes de l'Everest*
Jean-Michel Asselin, *Chroniques himalayennes*
Jean-Michel Asselin, *Les Parois du destin*
Jean-Michel Asselin, *Nil, sauve-toi !*
Yves Ballu, *Les Alpinistes*
Yves Ballu, *Naufrage au mont Blanc*
Yves Ballu, *Mourir à Chamonix*
Marc Batard, *La Sortie des cimes*
Patrick Berhault, *Encordé mais libre*
Odette Bernezat, *Hommes et vallées du Haut-Atlas*
Danielle et Jean Bourgeois, *Les Voies abruptes*
Roger Canac et Bernard Boyer, *Vivre ici en Oisans*
Roger Canac, *Des Cristaux et des hommes*
Roger Canac, *Réganel ou la montagne à vaches*
Roger Canac, *Paysan sans terre*
Emmanuel Cauchy, *Docteur Vertical*
Roland Chincholle, *Au Tréfonds des veines*
Jean-Pierre Copin, *Papy, la montagne et moi*
David Harris, *Des Prises sous la neige*
Sir Edmund Hillary, *Un Regard depuis le sommet*
Jean-Claude Legros, *Shimshal, par-delà les montagnes*
Charles Maly, *Peau de chamois*
Reinhold Messner, *Ma Vie sur le fil*
Reinhold Messner, *Yeti, du mythe à la réalité*
Angélique Prick, *Vice et versant*
Françoise Rey, *Crash au Mont-Blanc*
Françoise Rey, *Ötzi, la momie des glaciers*
Samivel et S. Norande, *Les Grands Passages des Alpes*
Samivel et S. Norande, *La Grande Ronde autour du Mont-Blanc*
Anne Sauvy, *Nadir*
Isabelle Scheibli, *Le Roman de Gaspard de la Meije*
Joe Simpson, *Encordé avec des ombres*
Joe Simpson, *La Mort suspendue*
Joe Simpson, *La Dernière Course*
Joe Simpson, *La Face voilée*
Joe Simpson, *Les Éclats du silence*
Joe Simpson, *Les Esprits de l'eau et des montagnes*
Judy et Tashi Tenzing, *Tenzing et les Sherpas de l'Everest*
Sylvie Tomei, *Mont Blanc Blues, Variations littéraires et irrévérencieuses*

Faux pas

Photo de couverture : © Bruno Axelrad

BP 177 - 38008 Grenoble Cedex
www.glenatlivres.com

ISBN 978.2.7234.5932.7
Dépôt légal : mars 2007
Imprimé en France

Récit

Faux pas

Jean-Yves
Le Meur

277

Glénat

« Nos pas nous sont faciles et si familiers
qu'ils n'ont jamais l'honneur d'être
considérés en eux-mêmes. »

Paul Valéry

1re partie

Me voilà embarqué dans une démarche étrange, un ballet suspendu dont je ne connais ni l'auteur ni la musique. Il a suffi d'un rien.

Désormais, chacun de mes pas est un faux pas qui s'appuie avec confiance sur des échasses bancales et entraîne mon corps dans une chute perpétuelle d'illusion en illusion. Bien vivant, j'attends de cette chorégraphie qu'elle continue, m'emmène loin, m'emporte haut, cahin-caha vers mes rêves les plus improbables.

Pareil à un nuage, il flotte entre la Terre et la Lune. Il est un rêve.

Depuis longtemps, son nom résonne à mes oreilles. À force de l'entendre et de le prononcer, je m'en suis imprégné ; à force de le voir, je m'y suis attaché. Le mont Blanc dessine mon horizon, là-bas, tout au fond, au-delà du raisonnable. Au plus haut que porte le regard, son sommet se détache dans ma ligne de mire et attire comme un aimant chacun de mes pas clopinants.

Le rêve est en moi.

NAISSANCE

Les poussées sont désormais brèves, intenses et régulières. L'épreuve physique est éreintante. Mon corps va et vient, ma boîte crânienne force, écarte, ouvre le passage. Mes épaules se tendent et se relâchent.

Quelques touffes de cheveux mouillés et emmêlés pointent les premières. Le trou élastique s'élargit davantage, laissant paraître mon crâne silencieux. Il est prêt à sortir, à écarteler les lèvres distendues.

Encore quelques mouvements et mes oreilles sont à l'air. Soudain, ça y est : ma tête est dehors. Seule. Le cou, comprimé entre une face violette et un corps invisible, semble un bien maigre raccord. Dès cet instant, tout s'accélère. Aussitôt le corps suit, tout humide. Je vis : je crie. Le cordon ombilical, monstrueux et fragile bulot, est coupé d'un coup de ciseaux; l'infirmière me libère à ma propre existence.

Le jour se lève. Le premier. Ça a duré des heures, mais finalement tout est allé très vite.

*

Un point blanc s'illumine, cerclé de noir. D'autres s'allument, puis d'autres encore, qui impriment des taches d'encre claire sur le fond opaque de mes rétines. Des formes se dessinent, floues d'abord, mais dont le contour se précise bientôt. Mes paupières s'entrouvrent lentement ; une vieille photo pâlie sur les bords se révèle : je vois la vie.

Des doigts me saisissent, me caressent, attrapent ma main. J'entends une voix que je ne connais pas, une voix douce et féminine qui me dit :

– Bonjour Jean-Yves, je m'appelle Catherine.

Une odeur flotte autour de moi, une émanation de placenta, forte comme celle du sang frais.

La jolie voix chuchote :

– Tu es à l'hôpital...

Ah oui, bien entendu ! À la maternité...

– ... Au service de réanimation. Tu sais que tu as eu un accident ?

Je hoche la tête ; je veux la rassurer, lui éviter de se faire du souci : je comprends que mes parents ne m'attendaient pas à cette date.

Elle continue de me parler tout doucement, tout tranquillement. Elle garde ma main dans la sienne.

– Tu as été opéré. Il faut que je te dise...

Que veut-elle me dire ? Que s'est-il passé ? Où suis-je ? J'ai la sensation d'avoir été drogué...

En chirurgie ? La mémoire me revient peu à peu...

– Ta jambe droite a été coupée au-dessus du genou et une partie de ton pied gauche est amputée.

Elle a lâché ma main.

Mes yeux sont grands ouverts. Je regarde autour de moi. Une poche remplie de sang se déverse goutte à goutte dans mes veines. Je me souviens de mieux en mieux.

Je viens de naître.

Bénédiction

Mes yeux se posent sur la frontière entre l'air et la terre qui découpe le ciel, tout au fond : les montagnes. De cet horizon à la forme immuable et aux couleurs changeantes, je voudrais faire le tour et fouler les limites du bout de mes échasses. Il me lance un appel, comme celui qui fait hisser aux marins les voiles du grand large. Ma promesse d'évasion à moi, ce sont les sommets qui m'entourent, mais chaque coup d'œil hasardé vers les hauteurs est, hélas ! un coup de grâce ; chaque aiguille est une banderille plantée dans mon désir d'ascension. Comment pourrai-je désormais hisser là-haut le corps qui me reste ?

En regardant dans la direction du mont Blanc, on repère une montagne abrupte à l'allure de grosse molaire. Les strates de rocher dessinent dans sa paroi le regard d'un visage titanesque. À son pied, un petit lac semble être né d'avoir recueilli les larmes du géant. Il porte bien son nom, le lac Bénit.

Un an après ma renaissance, un jour du premier été de ma vie sans mes jambes, mon oncle se gare sur le large sentier conduisant à ce lac. J'ai peur de ne pas pouvoir en atteindre la rive, trois cents mètres plus haut seulement. Gaétan doit nourrir ses propres doutes, pourtant il a accepté de m'accompagner avec sa bonne humeur et sa gourmandise de ramasseur de champignons. De l'année de mes premiers pas jusqu'à celle où j'ai cessé de marcher, il ne s'est pas écoulé un été sans que je me rende au bord de ce plan d'eau. Cette promenade facile et agréable fait l'objet d'un véritable rite familial : elle est généralement la randonnée inaugurale de la saison, et parfois aussi la dernière. Cette fois-ci, elle sera mon voyage initiatique et mon pèlerinage.

La difficulté de cette première excursion dépasse ce que j'avais imaginé. Le soleil bombarde le chemin de ses rayons brûlants ; à peine quelques dizaines de mètres suffisent à me faire exploser. Je transpire de la tête aux moignons. La montée est raide ; je dois poser les béquilles sur la pente afin que mes bras et mes épaules supportent le reste de mon corps et que la petite prothèse tibiale fixée à mon genou décolle du sol de quelques centimètres. Chaque pas est une épreuve. Très vite, je me retrouve hors d'haleine, incapable d'avancer davantage, tout juste bon à gober de l'air et à essuyer de la manche la sueur salée qui inonde mon visage. Mes bras sont tétanisés par l'effort, mes épaules brûlent, mais à chacune de mes haltes forcées, je fixe un objectif suffisamment proche pour que je ne me sente pas le droit d'abandonner. La patience, la gaieté et l'aisance de mon oncle qui me suit tout en cherchant des bolets et en me tendant sa gourde dès que je m'arrête, me donnent l'envie et la force de continuer. Gaétan se demande pourquoi je n'ai pas ma grande prothèse fémorale, celle que j'utilise d'habitude pour marcher sur le plat. Je l'ai abandonnée car elle aurait traîné dans la pente sans m'aider, elle aurait été un poids mort qui aurait rapidement irrité puis entamé mes chairs... Non, je n'avais pas le choix ; je le sais : si je veux monter, ce sera à la force des bras et de ma cuisse épargnée !

Il me faut trois heures d'effort, au lieu des trois quarts d'heure de montée ordinaires, pour rejoindre enfin le joli lac. Je suis épuisé, mais plonger le regard dans les eaux calmes où se reflètent les yeux humides du Géant et les parois alentour me comble. Quel bonheur de réaliser que la randonnée en montagne n'est pas un chapitre clos de mon existence ! Je bénis ces eaux froides qui baptisent la première marche d'une longue série...

Dans de beaux draps

Bel et bien éveillé dans un linge blanc inconnu, je ne suis plus étonné. Perforé de haut en bas, intubé, je n'ai ni la force ni le désir de soulever ces beaux draps dans lesquels je me retrouve, afin d'entrevoir mon nouveau corps. Oui, je le sais mutilé; des arceaux supportent le poids des couvertures dont le simple contact suffirait à me faire hurler.

Un corps branché par tous ses orifices. Du cou émerge un pipeline rougeâtre, et depuis les narines, deux gouttières plongent vers l'œsophage. Me voilà enchevêtrement de canalisations, perfusions, drains; donneur et receveur d'eau, de sang, de glucose, de vitamines, d'oxygène, d'urine, d'influx électriques, de sons et de frissons.

Je veux parler, demander où je suis. Impossible. Un tuyau en plastique est enfoncé dans ma bouche et descend au fond de ma gorge, je ne sais jusqu'où. Je le sens frôler le palais, frotter la trachée, glisser sur la glotte et gratter le larynx. Les sons sortent à peine, inarticulés, bouillies de mots.

Catherine s'approche.

Un long râle et mes lèvres sont libérées. Quel soulagement d'être débarrassé de ce serpent qui m'étouffait ! Mais les mots refusent toujours de sortir, les phrases de s'articuler et les questions de se formuler... Je continue à sentir le plastique obstruer ma gorge, comme s'il avait imprégné de sa forme et de sa rugosité chacune de mes cordes vocales ; ma voix est fluette, inaudible.

On me demande :

– Que s'est-il passé, Jean-Yves ? Qu'as-tu fait ?

Oui, qu'ai-je fait ?... La bêtise d'agir sans penser aux conséquences... et la chance de ne jamais regretter le passé... Toujours la même façon d'agir... Mais comment leur raconter ? Comment leur faire comprendre ? Je suis si faible. Par quel bout attraper cette histoire ? Sous quel angle lui donner vie, sur quel pied la faire danser ?

Carbone

« Soyons réalistes, exigeons l'impossible ! » clamait le Ché.

– C'est sûr, c'est impossible !

Nadine descend tout juste du mont Blanc : elle sait. Nous avions plaisanté à ce sujet il y a quelques années. Je lui avais dit, pour rire, que nous irions ensemble.

– Là-haut, c'est tellement étroit que tu ne pourras pas poser les deux béquilles de front. Si tu chutes, tu te tues à coup sûr. Laisse tomber !

Ah ! j'ai donc le choix entre tomber ou laisser tomber...

Elle insiste :

– La montée de l'aiguille est trop raide. Il faut franchir des blocs de rocher, les escalader en s'aidant des mains, et bien se tenir ! Tu risques de dévaler dans les cailloux. Non, Jean-Yves, sur ton genou, tu ne passeras pas !

Elle est allée observer le terrain pour pouvoir me fournir un topo précis des difficultés. Elle est montée avec un regard inquisiteur sur chaque passage, évaluant comment, avec une prothèse tibiale et deux béquilles, je pourrais me hisser. Je comptais sur son expérience pour forger ma propre vision de l'entreprise, pas pour qu'elle m'incite à renoncer !

Elle continue :

– Je ne me suis jamais sentie aussi fatiguée. On était tous à bout de force. Avec l'altitude, le moindre pas devient un effort... Ce n'est pas sérieux de vouloir aller au sommet en béquilles... Avant, quand tu en parlais, j'y croyais à moitié, mais maintenant que je l'ai fait, je n'y crois plus du tout !

Elle rit de me voir faire la grimace. Titiller l'autre, toujours, est dans son caractère. Elle transforme la relation en jeu. Entre nous deux, c'est ainsi que ça fonctionne : on se taquine, on chahute, on se moque l'un de l'autre. Cette fois-ci, elle parle sérieusement, mais je continue à l'entendre d'une autre oreille. À mon sens, son « impossible » est une autre de ses provocations, un nouveau jeu. Alors je réagis du tac au tac :

– Je verrai bien sur place si c'est possible ou non...

D'une certaine manière, ça m'amuse de l'entendre dire qu'il faut arrêter de rêver. Elle qui connaît si bien l'univers des amputés ! Elle qui me connaît si bien ! Son métier est de construire des jambes. Elle donne vie à la matière, comme Gepetto, le père de Pinocchio, même si, désormais, c'est le plus souvent avec du plastique ou du carbone qu'elle confectionne les « jambes de bois »... Elle passe ses journées à mouler, lisser, assembler et régler des prothèses qu'elle adapte à la morphologie et au handicap de chacun. Nadine évolue ainsi depuis plusieurs années au milieu de genoux mécaniques, d'emboîtures informes, de chevilles articulées. Et de blessés pleins d'espoir.

C'est elle qui m'a remis sur pieds artificiels : son avis n'est pas anodin ; il est même probablement très sage !

Pourtant, avec toutes les randonnées accomplies au fil des ans, les sommets atteints quand tout le monde, moi le premier, pensait qu'ils étaient hors de portée, oui, avec toutes les crêtes avalées et les sentiers arpentés en forêt, dans les alpages, sur les glaciers, jusqu'aux limites de mon horizon, je ne peux pas me ranger à son avis.

Elle a beau être experte ès membres artificiels, elle ne me convainc pas. On m'a trop souvent annoncé : « C'est fini... ne rêve pas... tu ne pourras plus... », pour que je me résigne à écouter sagement les conseils prudents de ceux qui m'aiment...

Il est impossible de dire ce qui est impossible ! Et le domaine de la montagne n'est qu'un reflet de la vie. Que l'on roule en fauteuil, que l'on distingue seulement des ombres, que l'on clopine sur une guibole ou que l'on traîne quelque autre infirmité, seuls ceux qui essayent sont en mesure de fixer les limites.

Alors, je montre à Nadine la lame de carbone qui remplace mon pied, belle tige courbée, noire et quadrillée.

– Une seule fois, m'explique-t-elle, une lame comme celle-ci a cassé : un client de 120 kg qui faisait du ski...

Je lui demande :

– Aucune fissure en vue ?

Elle l'examine avec attention.

– Non, elle est impeccable, pas du tout délaminée...

Le carbone est donc prêt, lui, à affronter l'altitude. Si quelque chose doit lâcher durant l'ascension, ce ne sera pas cette cheville composite qui me relie à la terre ferme. Elle a supporté sans accroc les longues marches d'entraînement, les chocs répétés dans les descentes chaotiques, les sauts à cloche-pied dans la caillasse. Elle me portera encore solidement, j'en suis persuadé, vers d'autres terrains plus aériens.

Bonne nuit

Il fait nuit.

Je suis seul, étendu sur le dos. Comment dormir ?

Toute ma vie, jusqu'à ce jour, pour trouver le sommeil, il a fallu que je sois couché sur le ventre et que je puisse me recroqueviller dans des draps frais... Or, soudain, je n'ai plus le choix, ou si peu. Il me reste la possibilité de tourner la tête d'un côté ou de l'autre. J'alterne joue droite, joue gauche. Le temps que la taie rafraîchisse. Je tente de passer une main sous l'oreiller. En vain. Mon avant-bras percé par une aiguille se met à picoter... Non, il faut garder les épaules droites, les bras le long du corps, afin que les perfusions s'écoulent normalement. J'entrouvre les yeux. Au-dessus, le sachet rouge sombre continue de se vider petit à petit dans mes veines. L'odeur est toujours forte. Je suis du regard le filet de sang qui, depuis la poche tout en haut, descend dans la tubulure de plastique, atteint la hauteur de mes yeux, puis tout doucement se glisse sous le pansement qui maintient l'aiguille. Et ça recommence, goutte après goutte, sachet après sachet. Cette couleur foncée m'étonne : j'imaginais le sang écarlate. L'odeur aussi me surprend, semblable à un effluve de viande avariée. Elle me pénètre, m'imprègne, c'est comme si elle s'immisçait en moi à chaque seconde, portée par ce liquide mat et dense, ce liquide qui me sauve.

Je repose la joue droite. L'oreiller est encore tout chaud. J'essaie à gauche. Pareil. Des deux côtés, la chaleur a gagné ; la fièvre a répandu son humidité brûlante dans tous les parages de mon corps. Et le moindre mouvement, ne serait-ce que relever légèrement le haut du buste, s'accompagne d'une explosion de douleur sous le moignon de ma cuisse droite. L'immobilité s'impose : aucun tissu ne s'étire, aucune plaie n'est sollicitée, nulle pression ne s'exerce sur les chairs à vif. Je suis dans un sarcophage.

Il ne faut plus bouger.

Entraînement

Mes deux mains serrent les poignées des béquilles, la sueur goutte de mon visage de façon ininterrompue. Je ne peux pas l'essuyer sans devoir m'arrêter. La tempe me démange, j'essaie de la frôler d'un coup d'épaule. Une mouche se pose sur mon front, je secoue la tête comme un âne. Elle décolle puis revient. Je recommence. Elle remet ça. Devant, ils filent ; je veux les suivre ; tant pis pour la mouche, je la laisse se désaltérer à l'abreuvoir de mes tempes…

Combien de fois, dégoulinant de sueur, ai-je continué sans m'arrêter ? Les mains, les bras, les épaules et le cœur sont à bout. Je jette un coup d'œil alentour, le paysage n'a rien de grandiose. Cette pente en forêt m'ennuie. Au-dessus, les alpages, mais combien de pas encore pour sortir de l'ombre ? Pour qu'enfin la transpiration s'évapore sans avoir le temps de rouler sur mes joues. Pour qu'elle sèche sur place ! Une fois de plus, je ne comprends pas pourquoi je fais ces efforts. Au-dessus, un groupe de marcheurs discute paisiblement quand moi je suis à bout de souffle. Mes compagnons bipèdes m'ont lâché. Le dénivelé n'est guère important jusqu'au sommet. Je peste contre cette maudite balade. J'enrage. Les muscles en charpie, je ne pense qu'à ma douleur, à la distance qui augmente avec les autres, et je cherche à me convaincre que les deux cents premiers mètres de dénivellation sont toujours les plus durs. Impossible d'accélérer. Les marcheurs se sont arrêtés pour boire et me regardent passer, incrédules. La gorge sèche, je les salue et poursuis ma lente mais régulière progression... jusqu'à la cime.

Certaines ascensions n'ont pas d'autre objectif que de mesurer mes forces : doubler à la montée des randonneurs essoufflés ou filer le train à des jeunes gens courant dans la descente me réjouit. Je les vois jeter régulièrement des coups d'œil en arrière, pour forcer l'allure chaque fois qu'ils constatent que je gagne du terrain en jetant mes béquilles en avant et en bondissant sur mon unique pied – un faux pied, mais ça, ils l'ignorent.

Au début, je me disais :

– Maintenant que j'avance sur mes deux cannes, la compétition n'a plus de sens. Enfin !

Alors que j'avais toujours eu l'œil rivé sur le chrono et l'allure de mes partenaires, je croyais que désormais, n'entrant plus dans les normes, devenu « incomparable », j'allais me débarrasser de cet esprit de compétition qui pervertissait la randonnée en montagne. Et je m'en réjouissais. Me faire doubler, quelle importance ? On ne confronte pas un âne et un pur-sang.

Mais le naturel est revenu au galop : je me suis mis à monter à la vitesse du randonneur normal, à descendre deux fois plus vite, et à calculer bêtement mes moyennes horaires, prétextant qu'il s'agissait du baromètre de ma forme.

Je me console de cet enfantillage incurable en découvrant dans la littérature de montagne que la compétition a toujours été au cœur même de l'alpinisme, en dépit des professions de foi de certains. C'est même l'une des compétitions les plus extrêmes, les plus cruelles, puisqu'elle n'hésite pas à exposer la vie humaine à des dangers objectifs. Ne parle-t-on pas de « course en montagne » ? Course contre le temps, contre les éléments, contre les autres. Ne parle-t-on pas de « réussir une première », pour ne pas dire « être le premier » ? L'apparition de compétitions d'escalade officielles a simplement marqué la reconnaissance d'une évidence aussi ancienne que les premières conquêtes alpines. On peut s'en indigner, vouloir s'émerveiller de la grandeur et de la beauté des massifs conquis avec l'unique et ultime objectif de la contemplation... Il n'empêche : lorsqu'il a quitté Zermatt pour gravir le Cervin, en 1865, sir Edward Whymper était bien résolu à doubler ses « petits copains » partis du Breuil le même jour. Une course qui coûta quatre vies.

Finalement, cet esprit compétitif si présent dans la culture montagnarde ronronne comme l'un des moteurs invisibles de mes ascensions. Il m'incite à monter avec toujours plus de régularité et de puissance. Il injecte dans la mécanique de mon corps abîmé le carburant qui l'emmène vers des difficultés croissantes. Et telle la courroie de transmission de mon ambition, il entraîne peu à peu mon pas artificiel vers les cimes majestueuses.

Toboggan

« **U**n lys qui fleurit
Dans un lit d'hôpital
Un malade sourit
À la vue d'un pétale. »

Le lys a fleuri.

Depuis que les stores ont été relevés, ce matin vers sept heures, et que la lumière a éclairé ma petite chambre, toute mon attention s'est concentrée sur cette fleur, le bel arrondi de ses pétales et la pureté de sa couleur. Tout blanc dans son vase bleu, le lys est posé là-haut, sur l'armoire à gauche de la fenêtre. Ainsi, sans que j'aie à bouger la tête, je peux encore l'apercevoir. Il est beau et cela suffit à me réjouir.

Faut-il donc être cloué dans un lit pour s'intéresser

aussi longuement à la floraison d'un lys ? Est-il indispensable qu'aucune distraction ne perturbe cette lente observation ? Et pour y puiser à la fois réconfort et plaisir, faut-il être simplement un esthète patient ?

Ma vision captivée par la corolle blanchâtre se trouble ; les contours du vase et de la fleur deviennent flous ; ils paraissent aussi un peu plus épais, comme dilatés. Deux larmes embuent mes yeux. Qui coulent doucement. Et puis deux autres. Elles glissent le long de mes joues jusque sous mes oreilles. Deux encore. Je ne cherche pas à les retenir. Elles me rafraîchissent et me soulagent. Lorsque j'incline légèrement la tête, elles bifurquent vers mes tempes. Je m'amuse ainsi à commander leur trajectoire, à essayer de la prévoir et à imaginer mon visage comme le toboggan de mes pleurs. Les gouttelettes sont des enfants qui s'élancent depuis mes paupières, dévalent la piste de mes cernes, prennent de la vitesse sur la glissière de mes pommettes, ralentissent au niveau de mes mâchoires et finissent leur course dans le bac à sable, sur l'oreiller pâle de l'hôpital. Quand cesseront-ils de jouer ?

L'écoulement de mes larmes est régulier. Comme d'habitude. Finis les sanglots brusques et les spasmes douloureux : je pleure désormais avec monotonie. À travers la buée, mon lys paraît tout déformé. J'ai vécu sa floraison comme une renaissance. Ma renaissance. Dans l'environnement nu et aseptisé où il a été si difficile de faire accepter cette fleur, son éclosion, après m'avoir ravi, m'attriste. Je pensais guérir vite. Au moins espérais-je me trouver dans une posture autre qu'allongée pour admirer ces beaux pétales. Pourtant le lys a fleuri, bien vivant, rayonnant, et moi, je suis toujours aussi faible et souffrant.

Et je me demande, forcément triste : combien d'autres en verrai-je s'ouvrir ?

Cardiogramme

– Depuis Galilée, tout le monde sait que la planète bleue est ronde, n'est-ce pas ?

– Oui, bien sûr…

– Le système solaire est elliptique et l'infini courbe, pas vrai ?

– C'est juste.

– Alors, dis-moi, qu'est-ce qu'elles font là, ces parois verticales ?

Je lui passe la gourde. Aujourd'hui, elle n'est pas en forme… Je sens bien, à son visage, son pas, son souffle que la marche d'approche le long des lacs encore plongés dans l'obscurité l'a fait souffrir. Cette première ascension en haute montagne, avec son départ nocturne et son rythme rapide, ne lui convient guère…

– Si l'on découpait en tranches toutes les montagnes

de la terre avec un gigantesque fil à couper le beurre, tu crois qu'elles rempliraient les océans ?

– Oh oui, on devrait bien y arriver. Faudrait calculer…

– Ça rendrait la surface de la terre toute lisse, vraiment plane !

Pour l'instant, nous prenons « pied » sur le glacier où le relief terrestre ressemble plus à une muraille qu'à une plaine… et nous chaussons les crampons. J'adapte le mien sur la lame de ma prothèse et je sangle avec énergie : je ne sens rien. J'ajuste également aux embouts de mes béquilles deux rondelles munies de pointes. Prête la première, Kathy part devant, avant de se retourner pour s'exclamer :

– Quand même, ces tas de cailloux, ils bouchent l'horizon ; ils font de l'ombre ; et ils obligent les petits humains comme nous à lever la tête… La montagne, c'est une anomalie de la nature !

Nous rions, mais elle a raison… Seulement, comment pourrions-nous demeurer au pied de ces parois dès lors qu'elles nous ont incités à relever la tête ? Comment rester indifférent à leur beauté, aussi glacée soit-elle ? Le premier rayon de soleil vient justement caresser de sa lumière rasante les lacs, les pentes de glace et la trace vers la cime, nous invitant à le suivre, comme une flèche. Trois heures plus tard, délestés de quelques calories, la corniche franchie, avec Michel et Bruno nous foulerons le sommet étroit de l'Étendard. Bruno ne se trompait pas : il est bel et bien possible de béquiller dans la neige ou sur la glace, appuyé sur une prothèse ! Le glacier exhibe sa longue langue grise sous nos yeux émerveillés – comme si la montagne tirait la langue à la vallée ! Du haut de cette pointe, le panorama à 360° révèle les zigzags des pics alpins.

Toutes ces crêtes dessinent entre l'air et la terre un histogramme fou : serait-ce le cardiogramme de l'horizon ? Les battements de nos cœurs sont ajustés à ce tracé en dents de scie. Il imprime à nos rythmes cardiaques une pulsation rapide qui vient soudain plafonner à sa vitesse maximale… 4810.

En face de nous, le mont Blanc culmine.

MOTS ET MAUX

Aujourd'hui est un grand jour.

Je m'étais promis de tenter d'écrire lorsque le lys s'ouvrirait. Je profite d'une période pendant laquelle je ne suis pas trop assommé par les médicaments pour m'entraîner à retrouver un semblant de dignité dans l'arrondi de mes lettres et la rectitude de mes phrases.

Je parviens tant bien que mal à aligner les mots. Rien de moins facile, et j'écris très lentement. Je me dis que j'ai la chance d'avoir encore la main droite. Il paraît que Proust travaillait allongé dans son lit; je me demande quelle position il adoptait. C'est douloureux d'écrire en étant couché sur le dos, le bras le long du corps piqué de perfusions. Lorsque je sortirai de là, jamais plus je n'écrirai couché, je me le jure. Ces mots, je ne peux les tracer qu'en aveugle, à l'aide d'un feutre. De toute manière, j'ai perdu mon stylo-plume dans l'accident, avec tout le reste – on peut dire que j'y ai laissé des plumes ! Pour me lire, en même temps que je penche la tête en avant, je dois soulever légèrement mon carnet. L'illisibilité de mon écriture témoigne de mon état ; ma pauvre santé se reflète dans cette graphie d'enfant malhabile. Je repose le carnet, tourne la page et récupère le stylo que j'avais soigneusement glissé entre le drap et la couverture. S'il venait à tomber, il me faudrait presser le petit bouton rouge qui appelle au secours. Ou attendre que quelqu'un passe. Attendre que Catherine vienne, qu'elle me tende en souriant ce triste Bic. Attendre infiniment. Pour éviter cette frustration, je deviens méthodique et agis en douceur, un peu contraint, à vrai dire, par la débilité de mon bras décharné et mes doigts engourdis. Ma position est inadéquate, mon corps est épuisé et mon esprit fonctionne au ralenti, tantôt paralysé par la douleur, incapable de s'en libérer ; tantôt somnolant ou divaguant sous l'effet des drogues, à nouveau impuissant à se concentrer. Heureusement, j'ai du temps : je n'ai rien à faire.

Écrire. Raconter ce qui s'est passé. Et me souvenir. Comprendre pourquoi je suis sur ce lit. Pourquoi je me trouve là, à demi-mort.

Déroute à mi-route

Nous roulons sur l'autoroute Blanche, entre Genève et Chamonix.

Nous circulons entre les deux mont Blanc : celui des dames, le Buet, et celui des enfants, le Môle, aussi surnommé « mont Blanc des Japonais » à Genève où, par mauvais temps, sa forme arrondie laisse croire aux touristes impatients qu'il s'agit du toit de l'Europe. À force d'aller crapahuter sur les sentiers au-dessus de l'Arve, je connais par cœur cette voie rapide qui louvoie sur le fond plat de la vallée. Je la connais même du fond du cœur : je sais qu'en levant la tête, à droite, on aperçoit une église au bord du vide ; je la salue d'un coup d'œil affectueux et d'un geste de la main instinctif, car là-haut repose mon père. Dans son urne, depuis un an. Pourquoi est-il mort si vite ? Je ralentis afin de contempler plus longtemps le clocher en surplomb ; un endroit de rêve pour passer l'éternité... Là, me semble-t-il, une partie de moi est en cendres.

Je fonce. Ne faut-il pas que la part restante vive deux fois plus intensément ?

Au plus loin que porte la vue, les pics succèdent aux cols, les plateaux aux monts, les aiguilles aux vallons. Si l'on suit des yeux leurs contours, on croirait que le temps géologique a dessiné d'une main d'enfant une ligne chaotique sur le bleu du ciel. C'est comme si des miettes s'étaient détachées de l'horizon pour aller s'éparpiller dans toutes les directions en ne laissant que des bords effrités.

Au plus près, dans mon champ de vision, mon corps asymétrique, ébréché par le bas, s'est également dispersé en éclats épars, à la manière de ces montagnes. Moi aussi, j'ai connu une ère de bouleversements telluriques !

Soudain, à Sallanches, la masse blanche du roi de la montagne surgit de l'ombre et se révèle dans toute sa majesté. Il faut rester concentré sur la route et ne pas s'abîmer dans la contemplation du seigneur. Vouloir faire l'un et l'autre simultanément, c'est risquer l'accident, tout en manquant de respect à la cathédrale enneigée. Une fois de plus, je ralentis, tant et si bien que je finis par m'arrêter pour scruter là-haut la trace des marcheurs qui se distingue à l'œil nu : léger sillon foncé sur fond blanc immaculé. En dessous, dans la face abrupte du Goûter, cette aiguille ainsi nommée car les rayons du soleil s'y promènent à l'heure de la pause, il n'y a pas la moindre trace de neige.

Nous prendrons donc notre Goûter au sec, avant de creuser à notre tour le sillon sommital, mûs par notre gourmandise... Si tout se passe bien.

QUARANTE ET UN

Je me réveille.

Pour la vingtième fois en deux mois, c'est le même rêve.

L'anesthésie générale pratiquée un jour sur deux me fait passer avec lassitude du délice morphinique imposé, à la souffrance la plus incontrôlable. Après avoir passé la matinée sur la table d'opération, livrant mes plaies infectées aux soins de médecins plus ou moins inspirés, je me réveille agité, jusqu'à ce que la drogue m'entraîne dans son monde ouaté. Sans elle, je ne suis que tremblement et cri de douleur.

Et les médecins ont cette question systématique :

– C'est supportable ?

On peut aller très loin au petit jeu de la torture. Avant de recevoir enfin dans le fessier l'aiguillon à peine perceptible qui va répandre dans votre organisme sa substance magique, il faut s'approcher de ce qui est probablement considéré comme une manifestation de « l'insupportable » : crise de tétanie ou de fureur, tremblement du corps entier, visage envahi de picotements...

Mais ce soir, toutes les douleurs ont disparu. Le dos contre le matelas, mes pattes raccourcies battant l'air avec peine, je supporte ma position de cafard retourné. Me voici Grégor Samsa, le métamorphosé de Kafka devenu, à son réveil, monstrueux cancrelat. Pourtant, moi qui suis gavé de morphine, d'oxygène et je ne sais quelle autre substance encore, l'impression d'être un insecte me soulage. Je ne sens plus les os brisés, la peau déchirée, la chair brûlée, les muscles écrasés. Mes nerfs ont pris congé. Ils ne ramènent de mes extrémités que douceur et légèreté ; ils propagent dans tout mon corps une fraîcheur jusque-là inconnue. Un bref instant, j'ai l'illusion que la souffrance m'a quitté pour toujours. Peut-être n'est-ce pas l'effet de la morphine mais bel et bien ma transformation en blatte qui me permet d'échapper au carcan des douleurs habituelles ? Je ne savais pas les insectes si peu sensibles et je m'en réjouis. J'accueille ce bien-être sans réserve, sans crainte ni espoir. Je plonge avec délectation, oubliant les gens qui me parlent peut-être, oubliant le passé, négligeant le futur. Tout m'est égal. Je me laisse flotter ; je fais la planche sur ce lit que bercent de longues vagues déferlantes ; mon univers ondule sur les fleurs cotonneuses d'un kapokier géant ; chaque inspiration allège mes membres et les place en apesanteur. Mon esprit est libéré de mon corps gangrené. Je m'extrais lentement de ma vieille carapace.

Mes paupières entrouvertes devinent dans la tige métallique de la potence au-dessus de ma couche la branche d'un arbre, rampe de lancement pour mon envol imminent. Le lit, avec tout son attirail de perfusions, drains et câbles en tout genre s'élève avec moi comme si nous formions un unique insecte aux pattes élastiques et aux antennes multiples. Maître de l'espace, seigneur des airs, je me promène par-delà les fenêtres de la chambre, au-dessus des lumières de la ville qui scintillent dans la nuit. Sur pression d'un bouton, le vaisseau-animal fond en direction des immeubles qu'il survole en émettant un « bip- bip » régulier.

Ma vue perçante distingue des personnes en blouse blanche qui surgissent par des portes sur le toit d'un gratte-ciel. Je les vois se regrouper en foule compacte. Mon engin virevolte. Je décide de le poser au milieu de tous ces gens qui discutent en agitant les bras.

Je referme les yeux.

Une main caresse mon front.

Quelques mots circulent fébrilement de bouche à oreille autour de mon vaisseau :

« 41 °C ! »

Station défaillante

Pour des raisons techniques, le Tramway du « Mont-Blanc ne monte pas aujourd'hui. » Je soupçonnais qu'entre les points les plus distants de notre trajet – le plus bas au Fayet, le plus haut au sommet – nous rencontrerions quelques embûches propres à nous faire reculer. Chutes de pierres, neige fraîche, maux de tête, fatigue extrême, béquille cassée... j'avais envisagé bien des impondérables, inspiré par la lecture des topos et la consultation des blogs qui avaient nourri mon imagination... Mais que le premier obstacle se présente au moment même où je posai la prothèse sur le parking du Fayet, ça, aucune source d'information n'aurait pu me le souffler.

Ainsi, avant même que j'aie esquissé la première béquillée verticale, c'est la défaillance d'une locomotive à crémaillère qui menace de me clouer au sol de la plus majestueuse des vallées. La canicule des derniers jours a réduit la circulation ferroviaire au strict minimum, ne laissant aux marcheurs que leurs genoux pour tourner les biellettes et leurs poumons pour cracher la fumée.

Évidemment, les puristes voient dans cette interruption du trafic la preuve qu'un sommet se conquiert à la seule force du mollet – ou du poignet, en ce qui me concerne –, et les philosophes trouvent là l'illustration de l'asservissement de l'homme par la technologie. N'étant, en ces circonstances, ni puriste ni philosophe, je sens le vent de la déception caresser mon ambition et je pense un instant que l'énergie accumulée, la forme physique acquise, l'acclimatation accomplie, les places en refuge réservées, la météo stable, et la réunion miraculeuse de tous ces facteurs favorables à l'ascension ne me serviront qu'à parcourir les cent mètres bitumés menant de la voiture garée au guichet fermé !

Le bermuda flottant dans le vide de ma jambe droite disparue, en appui sur mon pied gauche artificiel, les deux mains crispées sur les poignées des béquilles, j'écoute la dame du guichet expliquer à des touristes qu'ils ne peuvent pas prendre le train.

Elle ajoute :

– On ne laisse passer que ceux qui grimpent au mont Blanc…

Sauvé ! Je crains toutefois que, me voyant estropié, elle n'émette quelques doutes quant à ma destination. Mais elle aperçoit le crampon pendu sur mon gros sac, et demande simplement :

– Mont Blanc ?

– Oui, nous sommes trois.

– Voilà… Vous avez la carte « station debout pénible » ?

– Il existe une réduction ?
– Oui. Mais faites attention, il fait chaud. Prenez beaucoup d'eau...

C'est donc en profitant d'un tarif réduit pour cause de handicap que j'attaque le mont Blanc ! Puisse cette « station pénible » se transformer en un sommet facile ! Avec Kathy et Pierre, soulagés, impatients et joyeux, nous sommes les uniques voyageurs au départ du petit train à crémaillère. Mais à l'arrêt suivant, à Saint-Gervais, une dizaine de jeunes embarquent sous l'objectif attentif d'une caméra. Le wagon est aussitôt envahi par leur excitation inattendue et leurs éclats de voix dont l'accent révèle plus la banlieue que la Haute-Savoie profonde. Les blagues fusent. La présence incongrue de cette bande de zonards dans ce train de montagne pittoresque nous fait sourire.

Nous serons aussi surpris les uns que les autres de découvrir que nos pas vont s'emboîter et que, tous marcheurs atypiques, nous deviendrons bientôt compagnons d'ascension.

Drôles de gammes

« Les notes de musique
Croches et doubles croches
Comme des points de suture
Sur mon cœur meurtri

J'entends le tempo
Les silences et les fugues
Pansements des cicatrices
Anesthésiants des plaies humaines

J'entends le violoniste
Musicien chirurgien
Artiste du fil
Couturier des pauvres âmes. »

Les cordes des partitas de Bach prennent possession de ma chambre. Les notes grimpent le long de mon lit, les croches se suspendent à la potence. Les blanches et les rondes dansent à la cadence d'une sarabande en *ré* mineur. La sublime et longue partition tisse les fils qui me lient à la vie.

La musique est mon premier calmant.

Catherine a remarqué que, lorsque je reviens de la salle d'opération, la cassette d'un morceau baroque glissée dans le lecteur produit sur moi un effet antalgique...

La perfection est alors à portée d'oreille. La légèreté, la merveilleuse harmonie de ces mesures idéales s'infiltrent en moi. Les notes montent, descendent, gravissent sans cesse la portée qui les emmène vivre dans mes veines leur périple sonore. Elles sont les nouveaux globules qui circulent frénétiquement dans le plasma de mon immobilité. Que m'importe si les mouvements de mon corps, avec ses bras maigrichons, sa poitrine décharnée et ses blessures suppurantes, sont englués dans une marche impossible et funèbre !

Raccourcis

Il fait chaud.

« La meilleure façon de marcher, c'est encore la nôoootreeeu
C'est de mettre un pied d'vant l'autre, et d'recommenceeeeer... »

La rengaine est connue mais les chansons populaires se trompent parfois.

Le terminus où nous quittons le train à crémaillère est joliment appelé « Nid d'aigle ». Ses occupants reviennent tout juste de la cime suprême. Leur attention est soudain attirée par la présence clopinante d'un unijambiste. Le spectacle d'un corps sans jambe ne laisse personne indifférent : qu'il ait la discrétion bien élevée d'adultes gênés ou la curiosité franche d'enfants sans préjugés, le regard s'attarde, et c'est bien normal. Inévitable dans la vallée, cet intérêt inquisiteur est d'autant plus compréhensible sur le chemin menant à Tête Rousse.

Nous croisons quelques alpinistes descendant avec les traits tirés, l'œil hagard et le pas mécanique. Ils nous effraient : aurons-nous la mine défaite de ces zombies ? Leur regard éberlué s'attarde sur moi. Trouvent-ils dans ma silhouette incongrue un encouragement à poursuivre leur chemin de croix ou bien cette vision surréaliste les plonge-t-elle au contraire dans le doute quant à leur propre exploit ?...

– C'est encore loin, le train ? demandent-ils.

S'ils avancent trop lentement, ils louperont le dernier convoi et seront obligés de descendre à pied mille mètres plus bas. Pierre, encourageant, répond systématiquement en montrant du doigt le fond de la vallée :

– Vous y êtes presque !

Pierre adore bavarder et voudrait arracher à chacun le récit détaillé de son ascension. Les alpinistes qui n'ont pas encore succombé à la fatigue risquent bien d'être achevés par ses questions. L'écho de sa voix n'a pas fini de résonner dans la montagne. Et de raisonner :

– En fait, tout le monde se fait amputer, un jour ou l'autre, non ? Regarde, nous deux, on peut dire qu'on est amputés... »

Bien que je ne sois pas bavard lorsque je marche, je prends mon souffle pour lui demander :

– Dans mon cas, c'est assez clair, mais toi ?

– Les séparations, les disparitions, les morts, ce sont aussi des formes d'amputation. Eh bien, nous sommes tous les deux privés de notre père... »

Mon frère a le chic pour les raccourcis inattendus, dans le discours comme sur le chemin qui mène vers le premier refuge. Sa théorie est donc que tout le monde se voit arracher quelque chose, dans la vie. En ce qui me concerne, la différence tient à ce que je n'ai pas vécu la perte de mes jambes en spectateur, mais bien en acteur, concrètement, dans ma chair ! Et ma silhouette raccourcie exprime en permanence ce déchirement que chacun redoute et finit par connaître.

En dessous de l'amorce de jambe qui flotte dans le vide, on entrevoit le ciel, le soleil se faufile et éclaire la poussière de moi que j'ai laissé filer. C'est elle qu'on voudrait saisir : cette portion invisible. C'est elle qui effraie : cette face inerte que moi seul peux apercevoir.

Alors, Pierre ajoute en criant depuis le haut du sentier caillouteux :

– Le mieux serait qu'un mort nous parle en direct d'outre-tombe. En attendant, un demi-vivant comme toi, c'est déjà pas mal !

Faute de m'aider à avancer vers les sommets, mes pieds dans la tombe laisseront-ils filtrer pour les curieux des informations sur leur monde inconnu ?

Dieu

Catherine m'a annoncé la visite d'une bonne sœur.

Aussitôt après l'accident, les yeux fixés au ciel, le corps cloué au sol, me sentant d'une vulnérabilité totale, j'ai pensé : « Si tu existes, Dieu, c'est le moment de faire quelque chose pour moi. » En même temps je hurlais : « Des secours, vite, des secours ! » Prières au divin, prières aux humains, je n'ai lâché aucune piste, tout agnostique que j'étais. J'ai prié une force supérieure en laquelle je ne croyais pas. Poussé dans le dernier retranchement de mon existence, je me suis accroché, agrippé par réflexe au bon vouloir d'un Tout-Puissant. L'artère fémorale pissant le sang, j'ai infléchi mes convictions – ne jamais se hâter de se dire athée.

On toque à la porte.
– Entrez !
– Bonjour, je suis sœur Denise.

Voilà une visite originale.

Elle s'approche doucement du lit, dans le bruissement des plis de son aube noire. ça me change des blouses blanches. À ma surprise, elle est jeune et d'une beauté inattendue sous son austère capuchon ; je ne pouvais rêver mieux pour l'extrême-onction.

Serait-ce la morphine qui me joue un tour ?

– Je suis si heureuse de vous voir vivant. Nous avons tant prié pour vous... Pendant le pèlerinage, nous avons toutes demandé au Seigneur de vous sauver.

Sa voix est claire, franche et calme. Le timbre est doux. Elle s'approche encore en me souriant comme un ange. Le bip de mon électrocardiogramme s'accélère. Un autre sourire comme celui-ci risquerait de provoquer l'intervention urgente d'une infirmière.

– Mais comment me connaissez-vous ?

– Avec toutes les sœurs du couvent Saint-Michel, nous nous rendions à Saint-Jacques-de-Compostelle lorsque nous avons assisté à votre accident. Vous vous souvenez, la personne qui vous donnait des claques pour vous maintenir éveillé ? C'était moi. J'espère que vous m'en pardonnerez !

Elle rit avec candeur.

Non, je ne me souviens pas. Ni de sa robe foncée, ni de sa face angélique, ni de la paume de ses mains. Je ne sais que penser de cette procession de nonnes priant pour mon salut tandis qu'une brigade de chirurgiens, médecins et infirmières s'affairait sur mes plaies. Chacun a œuvré à ma survie avec son talent propre. Je leur en suis reconnaissant de tout mon cœur et de tout mon reliquat de corps.

Je veux remercier la religieuse. Sa main est posée à côté de la mienne. Je la saisis franchement.

– Je vous remercie, vous et vos consœurs, pour toutes vos prières...

Je la serre plus fort. Elle se raidit et s'exclame :

– Il semble en effet que nos *Ave Maria* n'auront pas été prononcés pour rien : vous sortirez vite d'ici complètement rétabli !

Puisse le Très Haut exaucer ce vœu pieu en m'envoyant encore pareilles émissaires !

Elle s'en va. Il ne me reste qu'à prier Dieu que Dieu existe... et que Dieu nous prothèse !

CADENCE

Quel effort !

Je doute.
Pourquoi tout ça ?

Mon esprit s'agrippe à la question. Il la tient et refuse de lâcher prise. J'aimerais pourtant qu'il cesse de tourner en rond. Oui, c'est dur ; ça ne sert à rien ; je pourrais faire autre chose. Oui, j'ai mal aux bras ; la pente est raide, il fait chaud et je fatigue. Je sais tout cela.

Il faut penser à autre chose.

La meilleure façon d'avancer, d'attraper un rythme qui dure, ce serait de plonger mon esprit dans des histoires d'un autre monde : le travail et ses complications, les jeux insouciants de mes enfants, la vie des uns ou des autres… Et sans relâche, sans y prêter attention, poser les béquilles, monter le genou, poser les béquilles, monter le genou... Oublier les épaules qui crient grâce et tout le reste. Allez ! Rythme magique, enchanté... Répétition sans fin de ce mouvement facile : le genou plie, la prothèse se pose, la cuisse pousse. Puis le buste prend le relais : béquilles au sol, les bras se tendent et hissent tout le corps... Encore et encore. Sans fin ni fatigue, sans heurts ni secousses, je n'ai plus qu'à m'enivrer de cette monotonie, laisser errer le regard sur les graviers du sentier et sur ce pied raide qui vient bêtement taper le sol sans vraiment en épouser la forme... Voilà enfin un rythme. Tout redevient facile dans cette portion face à la pente. Il n'y a rien à calculer, pas la peine de se demander à chaque pas sur quelle empreinte poser l'embout des béquilles. Inutile de viser le meilleur point d'impact. Non, laisser faire, laisser aller la mécanique, ne pas penser, seulement pousser ! Toujours pousser sur la paume des mains, sur le bout du moignon, passer de l'un à l'autre, pousser, ne pas penser... Se laisser absorber par le rythme d'une phrase qui s'écoule monotone, dont le sens n'a aucune importance, mais qui nous emmène en douceur au sommet convoité, à peine ponctuée par quelques arrêts... Allez ! file ton rythme, accroche-toi à cette phrase qui tournoie et glisse lentement vers son point final... Tout là-haut, derrière les rochers, au refuge de Tête Rousse...

Rien à faire aujourd'hui, la question entrave ma progression. Pourquoi cette conquête inutile ?

Je pense aux grands alpinistes qui ont bravé l'inconnu, des artistes souvent involontaires, mais des artistes vraiment « engagés » ! Leurs premières étaient comme des « happenings » sur la toile démesurée de la montagne. Ils s'élançaient dans une trilogie comme un peintre s'attelle à un triptyque. Ils s'engouffraient corps et âme dans un monde mystérieux où le temps – comme l'être – est suspendu...

Comment ne pas penser à Emilio Comici, ce grimpeur italien des années trente à la vision de pure esthète : « J'espère ouvrir un jour une voie, et du sommet laisser tomber une goutte d'eau qui suivra le tracé exact de celle-ci. » Hélas ! c'est son corps qui a fini par suivre ce tracé-là le long d'une paroi du val Gardena.

La conquête et l'inutile : deux mots que j'aime... Deux mots qui nous donnent toute notre humanité. Les animaux n'ont pas ce goût-là. N'a-t-on jamais vu un lion monter au sommet du Kilimandjaro ? Des hyènes jouer au foot ? Un singe sculpter une Vénus poilue ? Un pingouin s'interroger sur le big-bang ? L'inutile nous humanise, et qu'importe la rage cachée qui motive peut-être chacun de ces gestes.

Le fameux Balmat « dit mont Blanc », « Christophe Colomb de Chamouny » comme l'avait surnommé Alexandre Dumas, n'avait rien d'un poète. Il était une machine à marcher douée d'une résistance hors norme, d'une avidité reconnue et d'une audace extrême – il fallait oser traverser le glacier des Bossons muni d'un simple bâton ferré et dormir seul au milieu des craquements des séracs à une époque où l'on ignorait que ces bruits sourds étaient naturels ! Il était plus ours qu'artiste, mais l'œuvre qu'il a signée en 1786 avec le docteur Paccard en gravissant pour la première fois le mont Blanc, conserve la beauté fugitive de la création artistique. Avec son entêtement de montagnard, il a bel et bien tracé sur le blanc monochrome des neiges éternelles, un coup de crayon magique, s'exclamant au sommet : « Je suis la statue de cet immense piédestal. » Pionnier dans son art, il a ouvert la voie à l'alpinisme et suscité l'engouement de centaines de milliers de marcheurs qui l'ont suivi.

Aujourd'hui, c'est mon tour.

Le fait que personne ne soit jamais passé là sans orteils apporte simplement à cette ascension particulière sa dose d'incertitudes. Je m'y suis engagé avec beaucoup d'ambition mais aussi de modestie : il se peut que le sommet soit hors de portée.

Je suis un autre

Les visages défilent sous un angle de vue que je ne connaissais pas : de bas en haut.

Les gens me tournent autour, piétinent un moment avant de s'asseoir et, comme dans un photomaton, de régler leurs yeux à la bonne hauteur : une position pas trop dominante, qui ne me donne pas le tournis.

Mon « image corporelle », comme on dit, doit se reconstruire. À dire vrai, je suis surtout impatient que se reforment les tissus de ma peau ! En attendant que l'une ou l'autre cicatrise, je capture chaque jour les images de la procession des visiteurs qui viennent égayer mon séjour et distraire mes journées horizontales. Mon univers se résume à la chambre dans laquelle, petit à petit, se sont entassées mes affaires : jeux, journaux, livres, cassettes, famille et amis. Elle m'a emprisonné, mais j'ai fait d'elle mon domaine et chaque élément y demeure à portée de mes phalanges. La pièce froide et impersonnelle est désormais imprégnée de ma marque, de mon odeur et des fantômes de ceux qui y défilent.

Il y a ma mère qui ne peut s'empêcher de désirer tout régler au mieux : la position de l'oreiller, la longueur des draps, la proximité du verre d'eau, l'inclinaison du lit, l'ouverture des stores... Chacune de mes souffrances se répercute dans son corps tendu ; je peux lire dans ses yeux les marques indélébiles de mes chairs mutilées. Sûrement souffre-t-elle plus que moi, elle qui se sent à la fois responsable du passé, impuissante dans le présent et affolée pour mon avenir.

Il y a mon père : son journal, ses mots croisés, sa simple présence attentive et ses coups d'œil furtifs par-dessus les lunettes posées au bout de son nez... Sa volonté de dédramatiser, son sens du détachement et sa capacité à prendre du recul ont-ils le pouvoir de le blinder contre une telle épreuve ? Pour perdre ses jambes, pourrait-il dire, il faut beaucoup de détachement...

Il y a Pierre, mon frère, qui ne cesse de remuer, de s'exclamer, de vouloir à tout prix jouer aux dominos avec moi, de balancer des coups de pied involontaires contre le lit, de s'en excuser tout en rigolant, de raconter à toute vitesse le monde qui s'agite, d'apporter ainsi par sa présence électrique un ouragan de vie dans l'enceinte feutrée d'une chambre anesthésiée... Toute la journée, il s'affaire à vendre du vin et, le soir venu, il continue joyeusement à en assurer la promotion entre les murs de l'hôpital, aussi bien auprès du personnel que des malades à l'article de la mort. Seuls les hurlements d'un alcoolique en pleine crise de delirium tremens le laisseront pantois, le dépliant du château G sur les genoux, ravalant son discours rodé sur les bienfaits d'un petit verre de rouge ! Toute cette débauche d'énergie pour contenir son désarroi...

C'est comme si tous les trois voulaient échanger des doses de leur vitalité contre des portions de mon angoisse. Ils y parviennent étonnamment bien, m'incitant à ne penser qu'à me soigner au jour le jour, pendant qu'eux se gorgent de la souffrance morale dont ils me déchargent.

Chaque visite est une variation de mon quotidien, un divertissement après les longues nuits solitaires et souvent sans sommeil. Pour eux, je suis le calme, la parenthèse silencieuse et recueillie dans leur journée mouvementée. Pour moi, ils sont la vie, l'animation, l'agitation. Ils m'apportent une bouffée de l'air extérieur qui me manque, de la vie qui grouille et qui était encore la mienne il y a quelques semaines, mais qui me semble si lointaine désormais.

Leur présence me dit enfin une chose simple que je savais déjà, mais qui, dans ce moment particulier, ne fait pas de mal à entendre : tu es le même.

Tête Rousse

Nous y sommes presque.

La teinte orangée dont l'éclairage tamisé du soleil drape les éboulis explique certainement que cette « tête » caillouteuse soit qualifiée de « rousse ». À moins que la chevelure du premier gardien de ce refuge n'ait prêté sa tonalité carotte au promontoire rocheux... Si la couleur s'explique donc aisément, la forme de « tête » garde son mystère jusqu'à l'instant où l'on réalise qu'à partir de ce refuge posé à la limite de la moyenne montagne, le cheminement prend une tournure nouvelle. Les cordes sortent ; les vêtements s'épaississent ; les casques s'ajustent. Là s'ouvre la porte du monde inhospitalier de la haute montagne. La Tête Rousse est en effet « coiffée » d'un chapeau pointu, haut-de-forme sombre et pyramidal : l'aiguille du Goûter, six cents mètres verticaux au-dessus de nos propres têtes.

Nous approchons.

Au milieu du sentier, un beau bouquetin fait le malin. L'acrobate porte ses appendices cornus royalement dressés vers le ciel. En deux bonds, il démontre que les plus habiles des alpinistes restent de piètres grimpeurs, handicapés de ne posséder, hélas ! qu'un tout petit cœur et deux pauvres jambes affublées d'orteils engoncés...

– Espèce d'ongulé, lui crie Pierre. Ne bouge plus, je te prends en photo !

Avec mes trois pattes, la fausse en carbone et les embouts de caoutchouc de mes béquilles, j'aimerais lui ressembler, mais je continue d'avancer, le nez sur le terrain, avec ma lourdeur bien humaine quoique dépourvue de ses dix excroissances maladroites.

Sur la rive opposée d'un gros névé, le refuge est en vue. En traversant sur la neige fondue, j'enfonce parfois les béquilles jusqu'à la poignée. La distance est courte, si bien que je sautille sur ma prothèse sans prendre la peine d'enfiler des rondelles au bout de mes cannes, laissant la curieuse empreinte d'un pied gauche esseulé.

Le premier pas est fait. Les parois de Bionnassay et du Goûter, surmontées de la tête arrondie du dôme du Goûter et de son mentor, le mont Blanc, s'ouvrent comme deux ailes accueillantes entre lesquelles se love la voie que nous avons décidé de parcourir. On ne peut s'empêcher de tourner le regard en direction de ces colosses qui nous tendent leurs bras traîtres et d'où s'échappe de temps à autre le bruit menaçant d'énormes éboulis. Nous allons nous livrer à cette maîtresse sensuelle, mais exigeante et dangereuse. Nous allons l'agripper, la serrer contre nous, amoureusement. Ceux qui ne connaissent pas ce rapport charnel avec la montagne, qui ne goûtent pas au commerce intime avec cette nature-là, ceux-là n'ont pas de chance. Puisse l'étreinte de ce corps magnifique nous procurer un plaisir physique à la hauteur de nos fantasmes. Nous sommes des Lilliputiens impuissants et notre désir de conquête prétentieux a pris pour cible les rondeurs de notre planète.

Ce soir, sur son épaule, nous pouvons déjà embrasser avec volupté le rocher qui nous accueille : cette jolie Tête Rousse.

Bonheur

La nuit tombe. Catherine me tient compagnie et me demande doucement :

– Peut-être n'étais-tu jamais entré dans un hôpital jusqu'à ce jour ?

Je réponds d'une voix faible :

– Oui, c'est la première fois.

– Oh, tu n'as rien perdu !

De cette maladresse, elle rougit; j'en souris. J'ai seulement perdu une jambe et un pied, mais j'ai gagné la chance de la rencontrer. J'observe sa démarche, ses genoux qui fléchissent, ses chevilles qui se déroulent, ses pieds qui se posent tout seuls.

En regardant des jambes, souvent, je pense aux miennes. À ma cicatrice au-dessus du genou, souvenir d'une chute à vélo, et que je trouvais si vilaine. Elle a disparu : je ne la trouve plus vilaine. Dix-neuf années de service, de marche, de courses, de sauts, de jeux. Leur histoire est terminée; les traces de cette vie-là sont poussière.

Mais lorsque je vois les jambes de Catherine, c'est différent, je ne pense pas aux miennes.

– Tu sais, chuchote-t-elle en se penchant à mon oreille, au moins, personne ne te cassera plus les pieds.

Je ris en lui faisant remarquer que ça, c'est vraiment le pied !

Elle trouve que j'ai un moral incroyable, et me demande comment je fais.

– C'est simple : puisque le malheur, ça n'arrive qu'aux autres, mon malheur ne peut être qu'un bonheur !

Elle me glisse doucement un baiser sur la bouche :

– Et ça, c'est du bonheur ?

Ce soir, je n'ai besoin ni de musique baroque ni de cachets antalgiques pour oublier les coupures encore fraîches : je viens d'embrasser un rayon de soleil.

Douleurs, envolez-vous
Fuyez dans le ciel
Que chacune prenne l'air
De ses petites ailes

Qu'il ne reste dans le ciel de ma tête
Que la trace furtive de leur envol
Et le sillon éblouissant
Du frôlement de ses lèvres...

Crever son ombre

Les jeunes de la banlieue de Saint-Étienne arrivent au refuge en même temps que nous. Des discussions excitées inondent aussitôt la terrasse. Le plus petit clame bruyamment qu'il veut enchaîner vers le sommet immédiatement ; deux autres veulent être filmés et se bousculent devant la caméra ; un éducateur exécute quelques étirements, le grand écart latéral et des démonstrations d'équilibre sur les mains. Leur langage imagé et leur repartie foudroyante sont pleins de surprises. Ahmed, toujours prompt au commentaire, se tourne vers le cabanon en taule en contrebas du refuge, à la limite du précipice, et s'écrie :

– Faut vraiment le vouloir pour crever son ombre ici ! À cent mètres, tu le sens déjà…

Crever son ombre ?

Il nous faut un moment et la traduction de Pierre pour comprendre qu'il parle de... déféquer en plein soleil ! Ahmed a raison, hélas ! Aller aux toilettes, dans ce refuge, est la pire des épreuves. La grande distraction consiste à observer depuis la terrasse les courageux qui s'y dirigent : arrivés à distance respectable, tous s'arrêtent un instant, saisis par la puanteur, avant d'accélérer le pas en se bouchant les narines. Interdit de se répandre dans les alentours, tout le monde doit satisfaire à ce test d'apnée, entraînement de la capacité respiratoire et exercice d'équilibrisme, passage obligé pour l'accession au sommet !

Une fois dans la bicoque, je rêve d'être né constipé. « À la turque », surplombant le vide et l'empilement méthodique du fruit des entrailles de vaillants montagnards, un œil-de-bœuf offre aux amoureux de la Nature une vue plongeante sur des générations de coliques. Quand on est juché sur une prothèse, le numéro de voltige est précaire, la prise de risque maximale. Flagellant au-dessus de ce condensé d'alpinistes, de ce vertigineux mont Noir d'étrons, je me décerne le titre exceptionnel et amplement mérité de « chieur de l'extrême ». Puisse mon ombre être crevée une fois pour toutes !

De retour sur la terrasse, je constate que la discussion n'a pas molli entre nos jeunes amis.

Ahmed s'exclame en rigolant :

– « L'Éclair » y est ! Tu l'enfermes et tu demandes une rançon ! Z'y va ! Sûr qu'il paye tellement ça tue ! Même si j'arrive pas là-haut, déjà, je pourrai dire que j'ai mangé à la même table que « l'Éclair » !... Moi avec un grand patron, faut absolument mettre ça dans la caméra !

« L'Éclair » ? Mais de qui parle-t-il ?

Dans le vestiaire du refuge, Kathy, plus perspicace que moi, s'interroge :

– J'aurais beau le croiser, je ne pense pas le reconnaître… Il ressemble à quoi, Michel Édouard Leclerc ?…

– C'est moi, répond en souriant un homme penché sur son sac à dos.

La rencontre avec le « premier épicier de France » est inattendue. En ce lieu où les hommes sont plus égaux qu'ailleurs, face à la montagne qui est la reine et au guide qui est le maître, la conversation s'engage aussitôt :

– Et vous êtes en bonne condition physique ?

– Comme vous le voyez, se moque-t-il en désignant ses poignées d'amour.

Sa compagne explique qu'il s'est préparé en gravissant tous les jours les escaliers menant à son bureau.

A priori, un peu léger comme entraînement…

– Mais le bureau est au dernier étage !

Et la détermination importe au moins autant que les jambes.

– Le mont Blanc, ça se grimpe d'abord avec la tête : c'est 80 % de mental et 20 % de physique !

– En fait, commente Pierre, chacun l'escalade avec les moyens dont il dispose : quand on a de bonnes jambes, on peut certainement se passer de la tête !

– Et quand on n'a pas de jambes du tout ? demande malicieusement Ahmed…

Piqûre

Dehors, la nuit a inondé la ville. Je veux dormir. Le pied fantôme est en feu : sûrement le gros orteil et le petit doigt se sont-ils croisés au moment de la coupure, si bien que les terminaisons nerveuses renvoient en permanence cette sensation d'étirement extrême de mes appendices pourtant disparus. Le cerveau, me dis-je, est vraiment idiot de gober aveuglément ce que les nerfs lui font croire... Il faut qu'il oublie ça. Je tente encore de m'endormir.

Quand elle entre dans la pièce, j'oublie tout. L'opération, la rechute, l'infection, le sang, la douleur fantôme, tout passe à la trappe. Elle est l'incarnation du fantasme masculin de l'infirmière. Sa blouse blanche paraît bêtement trop étroite et trop courte pour les formes divines qu'elle dissimule avec parcimonie.

Et le rêve continue.

Cette beauté magique s'approche de mon lit, me regarde de ses grands yeux verts et me glace sur place. Je suis impuissant, gavé de médicaments, ligoté de tubulures.

Mais alors, elle me murmure :

– Une petite pi... ?

Je n'entends pas la fin de sa phrase, pourtant le rêve se poursuit bel et bien. Elle écarte délicatement de ses doigts fins et agiles le linge qui couvre mes fesses. Dans ma surprise, je bégaye fiévreusement, quelques « mais, mais... », pour manifester plus mon impuissance que ma réticence. Elle relève la tête et dans un sourire éclatant me souffle à l'oreille :

– Ça va te faire du bien...

Son souffle m'enveloppe comme le ferait une étreinte. Je voudrais la saisir, l'embrasser, la cueillir dans mes bras perfusés. Pourquoi suis-je donc si chanceux ?

« Ses yeux de chat
Me regardent
Me remplissent
Me comblent

Le vert est si vert

Les cils s'étirent
S'élèvent, s'envolent
Si longs qu'ils font
Quand ils se ferment

Un courant d'air

Ses lèvres s'allongent
Crissement de soie, crissement de moi

Sur ses dents blanches
Coulée de neige, coulée de beige

Ses joues remontent
Feuilles qui tombent, œil sans ombre

Sur leur pommette
Crépit d'une flamme, répit d'une femme

Son visage égayé
Me sourit
Me ravit
M'illumine ».

Le contact frais de ses mains sur ma peau me fait oublier une légère douleur au fessier. Elle me regarde à nouveau, penche son joli minois de côté et laisse échapper de ses lèvres pulpeuses :

– Ça y est. J'ai fini ta piqûre !

« Son rire éclate.
Bris de verre, bris de rêve. »

Retrouvailles

Les pas rapides et sûrs ne trompent pas ; la démarche est facile, régulière, naturelle. Depuis la terrasse, tout le monde observe deux silhouettes s'élever avec aisance à travers les caillasses, sans nul doute les derniers qui monteront ce soir. Kathy, Pierre et moi avons deviné que ces enjambées efficaces sont celles de Bruno, gardien de refuge, cameraman, ancien pilote d'hélicoptère, et Doumé, notre guide.

Il est grand, une vraie carrure. Un guide tout droit sorti d'un livre de Frison-Roche, avec des cuisses d'airain, des mains larges et l'air infatigable. Il inspire confiance. Le cercle se forme autour de lui. Il a droit aux « Monsieur le guide »... Les jeunes sont soudain silencieux : on admire. Finies les fanfaronnades et autres culbutes verbales : l'icône en impose. Avec lui, c'est sûr, on monte en haut du monde ! Mais quand Bruno sort sa caméra et vise le groupe, c'est l'explosion. Tous trépignent. On est des vedettes ! Il nous filme ! Il a monté huit cents mètres pour nous filmer ! Adieu le silence respectueux, tout le groupe se déchaîne pour figurer dans le cadre. On va jouer au foot entre les rochers ! Grimper sur le toit du refuge ! Dribbler la gardienne ! Marcher sur les mains ! Faire le grand écart ! Grimper sur le dos du guide ! Allez ! Hue ! Hue le guide ! Une vraie armoire à glace ! Et de la vraie glace ! Armoire à glacier des Bossons ! À séracs aussi !

Au milieu des gamins excités, Doumé explique le b.a.-ba de la marche :

– Un pied, puis l'autre, compris ?

Lui, calme, et les autres tout fous…

– Un pied devant l'autre… Allez, on s'entraîne !

La voix est posée, caressante, divine. Il est notre gourou.

– Attention ! les gros orteils toujours à l'intérieur ! Jamais inverser ! Non, surtout pas croiser les genoux ! Faut garder chaque pied de son côté, et les chevilles souples. C'est impératif ! Sauf, bien entendu, l'extraterrestre suspendu hors sol, jamais les pieds sur terre…

Il me désigne. Les jeunes n'y croient pas :

– Tu vas monter là-haut comme ça ?

– Je vais essayer en tout cas !

Pendant ce temps, Bruno continue de remplir sa boîte à images. Il veut réaliser un reportage sur notre ascension, si bien que je serre vingt fois la main de Doumé, séquence supposée être le point de départ du film…

Le soleil se couche sur cette troupe joyeuse. Pierre

demande s'il doit s'encorder à Bruno dès cette nuit, sur les couchettes du refuge. L'excitation est à son comble. Seul un bruit interrompt de temps à autre le brouhaha général. Un son lointain mais bien distinct. Celui des éboulis au-dessus du refuge.

Doumé adresse un regard de connivence à Ben, le guide de « l'Éclair », et commente avec nonchalance :

– C'est le Grand Couloir...

Peu à peu, les lueurs rougeâtres embrasent l'horizon en dents de scie. Puis le brasier se consume à petit feu. Le calme revient ; le silence s'établit : personne ne veut briser l'harmonie de l'instant. Les uns et les autres observent la nuit recouvrir avec douceur les aiguilles effilées et le refuge devenu petit point de lumière dans le noir, petit esquif sur un océan de roche, dérisoire foyer de quelques marcheurs fous d'espoir.

Lever l'encre

Au début, j'ai cru que c'était une question de semaines. Au bout de quelques semaines, j'ai cru que c'était une question de mois. Au bout de quelques mois, je n'ai plus rien cru.

On me dit aujourd'hui que jeudi prochain sera le jour J. Je n'ose y croire. Les antibiotiques sont venus à bout des infections au pyocyanique et autres complications. Le feu passe au vert. Les cicatrices se fermeront plus tard, là-bas, dans le centre d'appareillage. Greffes de peau et labourage intensif de ma cuisse gauche n'ont pas fourni assez de tissus pour couvrir les plaies; une partie reste ouverte. Tulle gras, bétadine, micropore... la valse des pansements devra continuer. Que m'importe, une chose est certaine : jeudi prochain, une ambulance m'emmènera étendu à quelque quatre cents kilomètres, à la rencontre de mes futures jambes.

Depuis plusieurs jours, durant une demi-heure de temps à autre, je m'assois sur un large fauteuil. Depuis cette position, j'observe le lit dont mon corps s'est enfin décollé. Les aides-soignantes en profitent pour changer draps, taie et alèse. Ces simples mouvements me ravissent : il fallait auparavant tant d'efforts pour glisser sans douleur du linge frais sous mes membres.

Fini le petit déj' au lit, le menton dans le bol ! Fini pour la vie. Je regarde avec soulagement ma couche fraîche et accueillante, cet ex-radeau de misère sur lequel il me semble voir flotter encore une ombre agonisante.

Ces instants assis volés à ma condition d'homme horizontal sont une révolution. La tête tourne : vertige de se trouver si haute, griserie de tenir droite sur la nuque. Tout a changé. Le souffle est court de ces quelques efforts, pourtant je jubile en silence. Mes bras ont l'épaisseur d'une poignée d'allumettes, mon visage semble celui d'un spectre, mais je suis assis. Si j'avais davantage de force, je hurlerais ma joie, je la chanterais, la danserais sur la pointe de pieds imaginaires... Déjà, j'ai le bonheur de pouvoir l'écrire, parvenir à tenir un stylo normalement, en appuyer la plume sur le support d'une table et voir l'encre s'en échapper au gré de ma fantaisie. « Entrez visiteurs ! ai-je envie de crier, venez découvrir l'homme-équerre, celui dont le buste s'est redressé de quelques degrés, celui qui peut désormais regarder de côté son ombre s'évaporer de sa prison abhorrée.

Jeudi, vrai de vrai, je largue les amarres.

Marche et démarche

– Ici, c'est interdit aux chiens et aux handicapés !

Bruno vient d'entrer dans la salle à manger. Les clients le foudroient du regard pour m'avoir interpellé de la sorte. Il renchérit en se marrant :

– Et ne cherche pas à nous apitoyer avec tes jambes coupées !

Peu de valides comprennent comme Bruno à quel point le sentiment de pitié si largement partagé peut me mettre en rage. Il en joue, me provoquant gaiement, au grand dam des convives indignés.

Souvent, en randonnée, des marcheurs me lancent un petit mot : un gentil « Bravo ! », un admiratif « Chapeau ! » ou un pitoyable « Courage ! ». Quelques-uns, plus curieux ou moins timides, m'assaillent de questions : d'où viens-je ? où vais-je ? etc. Ils découvrent alors avec ahurissement que mon unique pied est en fait une mécanique inerte.

« Comme ça, je ne risque plus de me fouler la cheville ! » faut-il alors que je plaisante.

L'humour est toujours la meilleure manière de dédramatiser mon histoire...

– Le plus fantastique, ce n'est pas tellement ce que tu arrives à faire, c'est surtout que tu n'as pas renoncé », observe Ben, assis à la table voisine.

La remarque me surprend. Elle me rappelle cette carte envoyée par une amie infirmière, citant Beaumarchais : « La difficulté de réussir ne fait qu'ajouter à la nécessité d'entreprendre. » J'étais alors en convalescence.

Bizarrement, il me semble pourtant que ma démarche a suivi un raisonnement tout autre et ne s'est jamais appuyée sur ce poncif.

Au contraire, je crois que la force de la volonté tient surtout à la capacité de savoir renoncer.

« Il faut vouloir, vouloir, ne pas exagérément vouloir », écrivait Paul Valéry. J'y pense toujours.

Depuis mon lit d'hôpital, combien de fois, les larmes aux yeux, ai-je tiré un trait sur la randonnée pédestre ? Combien de fois ai-je orienté mes pensées qui se promenaient sur des sommets alpins vers d'accessibles plages de sable fin ?

Quand peu à peu, j'ai découvert jusqu'où mes béquilles pouvaient me porter, chaque marche a pris en ligne de mire la découverte du point de renoncement – jusqu'à réaliser que deux biceps valent bien un quadriceps !

Oui, j'ai commencé par renoncer. À la montagne et à beaucoup d'autres choses. C'est alors qu'il faut du courage, lorsque le corps impose sa loi et que l'esprit vagabonde dans ses rêves.

Dans un moment de grande confiance, je me suis dit que le temps des activités sportives étant révolu pour moi, cela me laissait la chance de devenir plus instruit.

Il y a quelque temps, quand un jeune homme gravement accidenté à qui il ne restait que l'ouïe demanda l'euthanasie, avec un grand support médiatique, je me suis trouvé bien seul à penser que le pauvre avait perdu la raison. Toute la vie devant soi pour écouter, tendre l'oreille, se remplir de toutes les musiques du monde et de tous les temps. Une vie pour deux oreilles, quelle folie d'y mettre un terme !

Au moins faut-il explorer ce qui reste à portée de tympan, de main, de pied, du regard, au plus loin que nos sens puissent s'étirer…

Je ne suis pas encore au bout de mon chemin. Demain, mon exploration se poursuit bel et bien…

On verra

Mettre un pied devant l'autre.

Qui se rend compte de la complexité de ce mouvement ? L'enfant d'un an qui titube à la recherche d'un nouvel équilibre, l'alpiniste qui vacille à bout de force, et nous, amputés de tous les âges et de toutes les conditions accueillis dans ce centre de rééducation où l'on m'a envoyé pour apprendre à marcher.

Mettre un pied devant l'autre.

Je suis arrivé allongé dans l'ambulance, puis on m'a étendu sur le brancard qui a glissé dans le hall du bâtiment. Pour me permettre de glisser d'un allongement à l'autre, il faut au moins deux personnes, voire trois. Je ne pèse rien, mais je suis hypersensible et je n'ai pas de force. Tout reste en feu en moi.

« Admis », tel est le terme usité.

En ce jeudi matin de fin d'été, quelques estropiés traînent dans l'entrée du centre où l'on vient de m'admettre et me dévisagent en se disant « Chouette, un nouveau ! » Je gis nu, à peine recouvert par une sorte de robe de chambre. Ça ne me gêne pas : je ne sais pas habiller mon nouveau corps. De plus, sous ce drap à manches, je garde mon pistolet à portée de main. Un pistolet ? Instrument génial à usage strictement masculin qui autorise à pisser allongé sans arrosage intempestif...

Le brancardier confie mon dossier à la réceptionniste. Une voix un peu stridente assortie à un visage de mère poule me souhaite la bienvenue et se lance dans une longue digression sur ma région d'origine. Toutes les fois que je la croiserai durant mon séjour, et même au fil des années suivantes, quand je serai amené à la retrouver, elle me répétera joyeusement et inlassablement « Ça va la Bretagne ? » Tout en n'ayant pas fréquenté le terroir familial depuis fort longtemps, je lui répondrai invariablement, pour son plus grand plaisir : « Ça va, un peu de crachin, mais ça va... Une belle région, pas vrai ? » Notre discussion n'ira jamais plus loin. Finalement, elle est partie en retraite... en Bretagne.

Lorsque le brancardier m'a laissé sur ma nouvelle couche, seul entre des murs inconnus, dans une pièce de 15 m^2 anonyme, loin de mes amis, de ma famille, privé des habitudes que trois mois d'hôpital avaient forgées petit à petit, je me suis senti perdu. Corps... et âme.

Puis du personnel est venu : la gentille Lulu, et le kiné de garde.

Ensuite, mes parents sont arrivés.

La face moustachue et joviale du physiothérapeute se penche sur mes coupures. Devant la décontraction feinte de mon père, teintée de son imperturbable humour et sous le regard inquiet de ma mère qui voit dans chaque frémissement de ses bacchantes le signe d'une déconvenue probable, il analyse ma physionomie, étudiant comment de fausses jambes pourraient venir se plaquer contre mes mutilations.

Il est notre espoir, celui par qui la marche redeviendra possible.

Je n'ai pas compris tout de suite que la perplexité de ce prothésiste, sa retenue et sa prudence face à nos espérances exprimaient à la fois sa conviction et son tact à l'égard d'un blessé encore faible. Non, je n'ai pas saisi que sa réserve signifiait purement et simplement que je retournerais très vite sur un lit d'hôpital. Et sur la table d'opération.

Puis le médecin chef est entré, et il a été, lui, d'une clarté tranchante :

– Il faut recouper !

La philosophie des orthopédistes est de « garder le maximum », c'est-à-dire amputer le plus petit morceau possible. Dans mon cas, un bout de cheville a été préservé. Hélas ! cette excroissance statique, volumineuse et douloureuse entrave l'appareillage de ma jambe gauche. On me propose une transformation originale qui a déjà fait ses preuves : ne conserver que l'os du talon, le calcanéum, et le visser directement à l'extrémité du tibia pour fabriquer un pilon solide au bout du moignon...

La mauvaise surprise m'assomme. Je reste knock-out. C'est une régression instantanée. Je n'arrive pas à me convaincre qu'il s'agira d'un épisode insignifiant de ma vie, juste quelques passages supplémentaires sur le billard, à peine quelques mois de plus en clinique, pas grand-chose...

Chaque jour, depuis ce fameux 1er juillet, j'ai observé le moindre progrès, aussi infime fût-il, comme un accomplissement miraculeux. Boire, avaler, uriner, bouger, tout est devenu motif à revivre. Comme le nouveau-né qui explore la vie, j'ai dû tout réapprendre. Comment rester optimiste alors que cette très lente, trop lente évolution doit être interrompue ? Comment vais-je pouvoir replonger dans un quotidien de douleur, de violence et de faiblesse que je croyais à jamais derrière moi et que je ne souhaite à personne ?

C'est à l'heure des coups durs qu'il faut « remonter l'horloge ». Laisser passer l'explosion de tristesse, de colère et de peur mêlées. Se vider de toutes les espérances, expulser jusqu'à la dernière larme. Lame de fond qui emporte tout, qui lave la souffrance.

On verra : la seule idée en laquelle je puisse encore croire. On verra...

Je me répète ce leitmotiv comme je pourrais remonter le mécanisme d'un automate, à fond, jusqu'à le bloquer, afin que les aiguilles fassent ensuite le tour du cadran le plus longtemps possible...

D'infections en traitements, et de scalpels en greffes, j'en ai déjà tant vu ! Je dois pourtant y retourner, accepter l'épreuve obligatoire, renouer avec le va-et-vient hospitalier et son engrenage d'anesthésies, opérations, complications, avec les interminables attentes horizontales les yeux rivés en l'air, invariablement fixés sur les créatures imaginaires qui peuplent le plafond...

On verra.

Douche froide

– Trois morts au mont Blanc, une chute de sérac...

Je me réveille en sursaut, affolé par le doute que cette phrase ne soit pas le reliquat d'un rêve lugubre mais bel et bien une parole entendue dans ma somnolence matinale.

Des bribes de conversation arrivent de la salle à manger où je me précipite.

– Sept jeunes, des professionnels de la montagne pourtant, se trouvaient dessous. Quatre ont échappé aux morceaux de glace en sautant dans une crevasse. Les autres ont été emportés, du côté des Grands Mulets...

Pas de brossage de dents, pas même un peu d'eau sur le museau, le gardien du refuge nous cueille au saut du lit avec la terrible nouvelle. Le petit déjeuner est copieux mais il faut se remettre l'estomac d'aplomb avant de s'y attaquer. À la table voisine, un guide explique à ses deux clients anglais :

– Le mont Blanc n'est pas anodin. Il paraît, comme ça, bien rond, bien gentil, pourtant il faut pas s'y fier. C'est un bon gros à ne pas bousculer... Un sérac par-là, un caillou par-ci, gardez vos distances messieurs dames les touristes ! Crevasse à droite, avalanche à gauche, personne n'est à l'abri. Vous verrez tout à l'heure, dans le Couloir, c'est la roulette russe. Avec toutes ces fourmis qui s'agitent sur ses flancs, normal qu'il en dégomme quelques-unes quand ça le chatouille trop fort...

Nous serons bientôt quelques puces de plus à s'agripper à son collier, au risque de nous faire « dégommer » nous aussi. J'observe depuis si longtemps la paroi rocheuse si fameuse de l'aiguille du Goûter ! Je l'aperçois depuis chez moi presque un jour sur deux. Vue de près, elle ne laisse plus aucun doute : estropiés, demi-tour ! Au faîte de la face bien raide, une bicoque dont le toit brille au soleil semble dépasser dans le vide : c'est le refuge. Il nous toise.

Malgré la triste nouvelle, mon désir et mon impatience de m'engager dans la deuxième étape ne sont pas entamés. L'envie de me frotter, de me fondre au granit instable reste vorace. Peut-être l'information morbide inquiétera-t-elle davantage encore nos familles dans la vallée, mais dans le feu de l'action, au moment de prendre le véritable départ pour la haute montagne, mes pensées, indifférentes aux dangers, se concentrent sur la marche qui nous attend. Mon corps se prépare calmement aux efforts à venir. Je me sens débordant d'énergie. Je suis tout au bonheur d'être enfin au pied du mur.

Entre deux eaux

La grande majorité des locataires est grabataire. Difficile d'imaginer que ce peuple réduit à trembloter sur une chaise roulante, trône final des élus de l'arthrite, ait un jour connu la force de l'âge.

Depuis la fin de mon séjour bonus à l'hôpital et mon retour soulagé dans le centre d'appareillage, je les observe, je les guette avec la curiosité innocente de mes vingt ans. Suis-je dans une maison de retraite ou un centre de soins palliatifs ? Le stock de membres artificiels qui s'accumulent pêle-mêle dans de grandes caisses en bois me rappelle heureusement que deux d'entre eux devraient me permettre de retrouver la position verticale.

Les vieux aussi sont là pour ça, mais les essais sont affligeants. Certains disent :

– Vous avez de la chance, vous les jeunes, vous allez

remarcher sans problème avec vos prothèses, la guérison sera rapide.

Ce à quoi le jeune Douglas, cul-de-jatte, répond indigné :

– Quoi ! Vous savez que vous êtes vernis d'avoir pu profiter de vos deux jambes jusqu'à soixante-dix ans ! À vingt berges, on a des désirs qu'on n'a plus à votre âge !

Il se tourne vers moi, le nouveau venu, en cherchant mon approbation :

– Pas vrai, Jean-Yves ?

Je hoche la tête, mais je n'en sais rien. J'ignore ce que me réservent les prothèses, j'ignore ce que cette nouvelle vie suspendue fera des désirs de ma jeunesse. Devrai-je les enterrer profondément ou les garder à fleur de peau ?

En tout cas, je n'envie pas le sort de ces amputés tardifs.

Dans l'ascenseur qui conduit à ma chambre, je me retrouve avec Fernandel, celui qui balance sa tête de cheval d'avant en arrière. Ses deux jambes coupées à mi-tibia, bandées, reposent à l'horizontal sur leur support. Il stoppe un instant son mouvement de balancier, me regarde et répète trois fois tout en reprenant le va-et-vient :

– Je suis un vieux con.

Le malheureux ne parvient pas à extraire son fauteuil encombrant de l'ascenseur : il a navigué ainsi du rez-de-chaussée au huitième. Je l'aide, dans la mesure de mes faibles moyens, à sortir au troisième, à l'infirmerie, et je lui demande :

– Prêt pour la piqûre, Fernandel ?

– Ah non, pas en forme aujourd'hui. Y'en a assez de vivre. Plus aucun plaisir.

– Tu veux que je t'aide à mourir ?

Il rit.

– À la place de l'insuline, je demande à l'infirmière de mettre du cyanure ?

Il rit à nouveau en se calant dans la longue file des blessés en attente de soins.

– Tu vois, tant que tu ris, y a du plaisir !

– Non, non, non, c'est fini pour moi. J'arrête la rééducation. La décision est prise.

Et il soulève ses deux bras en un grand geste désespéré :

– Maintenant, il ne me reste plus qu'à aller crever quelque part dans un hospice...

Les bras m'en tombent. Il n'a que soixante-huit ans.

Nombre de chariots solitaires errent péniblement d'un étage à l'autre. Le regard perdu dans un autre monde, ils roulent sur la lancée de leur vie. Ils me font penser à ces bateaux aux voiles faseyantes qui, sans le moindre souffle de vent, continuent à glisser sur leur erre, lentement, de plus en plus lentement, impuissants, dans l'attente désespérée d'une risée salvatrice. Et je me demande parfois ce que je fais là, à tourner moi aussi en rond au rythme des roues de mon fauteuil, les moignons en avant comme l'étrave d'une épave à la dérive, entre deux os.

Fusion et confusion

Je fais partie du paysage. Dans ce monde-là, presque rien n'a changé depuis le tertiaire. Quand les hommes ont modifié les plaines en contrebas au gré de leurs besoins, ici, la nature est restée la même, belle et inaltérable. Chaque pas caressant la blanche immensité semble prendre pied sur l'infini. Se fondre dans ce paysage immuable offre au marcheur l'illusion enivrante de sa propre éternité.

Si tant d'alpinistes prennent le risque de creuser leur tombe à la merci d'une marche mal taillée, d'un coup de piolet olé olé ou d'un piton dépité, c'est pour finir au cœur de l'immortalité !

Notre ami Bruno est néanmoins sceptique sur les motivations des alpinistes, et tout en préparant les sacs, il m'interroge :

– Tu sais à quoi ça sert de monter là-haut ? Pourquoi on se crève comme ça ? On est vraiment bêtes !

– Aucune idée ! Tu sais, je vois le mont Blanc depuis chez moi, et j'aimerais simplement vérifier comment c'est chez moi, vu du mont Blanc !

– Un peu courte, ton explication !

J'ai toujours pensé qu'il y avait une vanité extraordinaire à vouloir escalader les plus hauts sommets. Personne ne le crie sur les toits gravis, mais la volonté de puissance, le désir de dominer le monde, se dominer soi-même et dominer les autres, est indissociable de l'envie de contempler le monde depuis son point culminant. Il s'agit alors de regarder de haut en bas, autrement dit, mépriser.

Je fais part de ma réflexion à Bruno qui est un vrai montagnard. Il s'offusque :

– Mépriser ? Mais qui veux-tu que je méprise ?

– Tous ceux qui sont à la plage ! lance mon frère en se marrant. Pour gravir tous les 8 000, comme Messner, Kukuczka ou Loretan, il faut mépriser la vie comme la mort ! En réalité, ils ont fait quatorze fois un immense bras d'honneur au monde entier et le monde entier les a félicités et couverts d'honneurs.

– Quelle blague !

– Tu vois, poursuis Pierre, chaque victoire est accompagnée de cet héroïsme exemplaire qui fait pleurer dans les chaumières. Mais je parie qu'à fouiner dans le cœur du vainqueur, à fouiller ses entrailles, on en ressortirait le mot de Cambronne à la puissance mille : merde !

– Et toi, Jean-Yves, tu dis « merde » à qui ?

– À mon échelle, ce n'est pas pareil. Avec mes

béquilles et ma prothèse, je mets simplement les sommets à la portée de mon infirmité.

– Attends ! Monter en haut du mont Blanc sans jambes, c'est une provocation ! Que tu le veuilles ou non, tu te moques du monde ! Un handicapé en haut des montagnes, et puis quoi encore ?

– C'est seulement pour satisfaire une curiosité naturelle : cette montagne est belle, je la vois souvent... C'est comme si elle m'avait appelé.

– Eh bien, nous verrons là-haut si t'as bien entendu ! En avant ! s'écrie Doumé en sortant du refuge.

Chaque ascension m'apporte une satisfaction au-delà du commun des marcheurs, car j'ai la chance de distinguer encore dans l'ombre de chaque effort, de chaque faux pas, le souvenir terriblement contrasté de la longue et immobile convalescence qui a suivi mon coma. Cette incroyable perspective donne une saveur spéciale à chacune de mes courses... Pourtant, il y a du vrai dans ce que mon frère raconte : au-delà de mon plaisir égoïste, non seulement je me réjouis d'offrir une bouffée d'espoir à des blessés atterrés, mais j'aime aussi l'idée de bousculer les esprits rétrogrades qui considèrent le handicap comme synonyme de malheur.

Car le handicap, ce mot si mal choisi lorsqu'il s'agit de désigner toute la communauté des personnes blessées à vie, est tellement relatif !

Dans un marathon, celui qui court sur ses jambes est handicapé à côté de celui qui roule deux fois plus vite sur son fauteuil. Qui ne se sent pas handicapé de ses dix doigts en entendant jouer le maître pianiste Michel Petrucciani, pourtant si gravement invalide ?

Faux pas

Qui encore ne se juge pas intellectuellement réduit en lisant le brillant astrophysicien Stephen Hawking, au corps si difforme ? La confusion est complète : l'invalide, l'infirme, le blessé à vie n'est pas toujours le plus handicapé. Et pour paraphraser Frédéric Dard, on peut affirmer que l'on est tous le handicapé de quelqu'un !

VERTIGE

Aujourd'hui j'ai rencard.

Nadine, la prothésiste, m'attend.

De ses doigts experts, elle étale la matière tiède sur la peau de mes membres inférieurs. Elle enduit les moignons d'une pâte blanchâtre et fluide qui durcit en séchant. Elle imprime du bout des doigts les zones d'appui et modèle les plus fragiles. Avec un gros feutre noir, elle inscrit à même le plâtre les longueur, largeur, circonférence et autres repères qui configureront ces moulages aux dimensions de mes futures emboîtures. Je sens raidir de chaque côté la gangue qui refroidit.

On me construit de nouvelles jambes.

C'est sec. Un coup de scie circulaire au ras de l'épiderme libère les membres de leur carcan provisoire. Mon image corporelle est gravée dans le dur. Dans ce moule seront coulés des positifs sur lesquels seront ensuite taillées mes premières prothèses.

Elle me prévient :

– On commencera par la plus facile, à gauche. Dans une semaine, tu pourras l'essayer.

L'attente me paraît trop longue. Chaque jour, je m'informe :

– Elle est prête ?

Rendez-vous est fixé dans la salle d'essai. Je place mon fauteuil roulant dans le prolongement de barres parallèles. Un peu plus loin, un papi en slip effectue des va-et-vient en appui sur d'autres barres. Soutenu par ses deux bras, il pose rapidement le pied artificiel pour passer le pas sur son pied valide. Des fauteuils sont répartis dans toute la salle. Quelques-uns farfouillent dans une grande caisse contenant les membres inertes laissés la veille par leur prothésiste. Curieux spectacle que tous ces hommes à demi-nus qui, comme moi, cherchent maladroitement à prendre leur pied !

La voilà !

Nous nous retrouvons face à face. C'est un cylindre de la couleur du plâtre, creux, ouvert d'un côté, fermé de l'autre par une épaisse rondelle de caoutchouc noir. Je regarde dans le tube comme dans une longue-vue ; là devrait se dessiner mon avenir. Mais il est bouché ; je ne vois rien qui ressemble à un pied. Je la saisis à bout de bras et je me dis : « être ou ne pas être... debout ? »

J'enfile une chaussette de nylon sur toute la longueur du moignon, puis un manchon de plastique souple qui vient en épouser la forme. Par-dessus, un bas de soie facilite le coulissement de l'emboîture. Au prix d'un certain effort, je me retrouve équipé de mon nouvel appendice. Nadine éloigne alors son tabouret et m'indique :

– Approche-toi des barres. Attrape-les. Appuie-toi sur la prothèse et essaie de te lever. Mais tiens-toi bien et assieds-toi si ta tête tourne. Allez, je reste devant !

Bras tendus, mains crispées sur les tiges métalliques, je retrouve la verticalité. Tout valse, pourtant je tiens debout, trop heureux de revoir enfin la vie de haut... Je ne touche pas le sol, je n'ai plus les pieds sur terre, mais je suis droit. Droit comme un i. Mon corps est dressé, tendu de la tête au plâtre, pied de nez à toutes les épreuves qui m'ont si longtemps tenu cloué horizontal ! Je lance les mains en avant sur les barres et fais penduler mon corps d'un appui à l'autre sur ce sabot de cosmonaute.

Me voici en apesanteur ici-bas. Inutile de s'envoler dans l'espace. C'est un petit pas pour l'homme, mais un bond de géant pour moi : j'ai marché sur la Lune sur la Terre.

2e partie

Faux pas

« De quelle longueur doit être
la jambe d'un homme ?
Assez longue pour toucher le sol. »
Woody Allen

Le peuple du désastre

La première fois, le spectacle de la grande salle à manger est saisissant : un musée des horreurs ! Une exposition temporaire de monstres – ou de monstres temporaires – s'étale devant mes yeux. Une centaine de moignons pointent leurs plaies bandées droit devant eux et vont se glisser sous les tables où les assiettes sont déjà servies. Au raffut des couverts entrechoqués se mêlent plaintes rauques et sourds gémissements.

Je pâlis en voyant à trois tables de la mienne une petite vieille recroquevillée. Chauve sur le haut du crâne, rousse au niveau des tempes, toute seule à sa table, triste à mourir, elle tente de manger un bout de pain. Ses dents sont trop distantes les unes des autres pour mordre. Ses mains n'ont pas assez d'énergie pour détacher un morceau et ses doigts sont trop engourdis pour tenir un couteau. Elle regarde le petit pain, le touche, le manipule, mais elle sent bien qu'elle n'a plus les moyens d'apaiser sa faim. Elle l'enfile en entier dans sa bouche tout en sachant que c'est peine perdue. Dix fois elle essaye, tantôt de le couper, tantôt de le mâcher. Le petit pain reste intact. Alors elle observe la cuisine, elle appelle du regard les serveuses qui passent, indifférentes. Hop ! déjà le plateau est ramassé, la nourriture emportée. Finalement, elle s'en va tout doucement, faisant rouler son fauteuil par petits à-coups.

Cloué dans ma chaise roulante glissée sous la table, je n'ai pas bougé.

Après une semaine à partager la becquée des vieux « monstres », je comprends que le mot n'a aucun sens. Les regarder les rend humains, ordinaires, normaux. Presque tous racontent : « Je n'avais jamais eu le moindre souci de santé de toute ma vie ! » Mais désormais, il leur manque, qui une jambe à cause de l'arthrite, qui un pied rongé par le diabète, un bras sectionné dans un accident, et parfois tout ensemble.

Je partage le quotidien de ces êtres désœuvrés venus de partout et n'allant plus nulle part. Rien ne nous prédestinait à nous rencontrer, sinon mon accident et le leur qui nous a projetés face à face. Ce sera le privilège de ma vie : infiltré une fois pour toutes dans la grande famille dénommée par défaut « les handicapés », j'ai désormais la chance de côtoyer à mon gré ce peuple intimement blessé.

La chance ?

Ces rencontres ont un goût particulier à la saveur inoubliable. Elles forcent à ouvrir les yeux bien grands sur la variété des couleurs de nos existences. Elles conduisent aux confins les plus douloureux de l'humanité. Elles procurent le même angle de vue sur une ribambelle de personnages, puissants ou misérables, qui se sont tous soudainement retrouvés sur un pied d'égalité, celui de la vulnérabilité.

*

Souvent lors de mes ascensions bancales, balades ou entraînements forcenés, mes pensées se sont portées vers mes compagnons, marcheurs impossibles.

Tout en déambulant dans la montagne, je traversais une galerie de portraits vitriolés, accompagné par les infortunés privilégiés que le hasard, notre maître à tous, avait bien voulu épargner. Je les revoyais, en lambeaux de chair et en éclats d'os.

Leurs visages, leurs regards, leur handicap, leurs paroles ont imprégné pendant des mois la perception naïve que j'avais alors des êtres humains.

Combien de fois la frappe rageuse de ma prothèse sur la poussière du chemin a-t-elle soulevé les souvenirs de cet univers confiné, traumatisé, parfois désespéré ? Tous ces « clopin-clopant », boiteux éternels ou condamnés de la marche à pied ont nourri mon esprit vagabond tandis que mon corps, lui, s'efforçait d'avancer tant bien que mal, contre nature.

À ces compagnons incomplets, je dédie les sentiers de caillasse, les pistes des alpages et les marches de glace que j'ai parcourus en leur nom, en leur honneur, en leur mémoire, pour le plaisir de braver l'impossible en leur compagnie imaginaire.

Résonances

Le 12 avril, la saison de ski vient de s'achever et j'entame ma préparation pour le mont Blanc.

Pour moi, l'hiver débutant dès octobre consiste en un long enchaînement d'entraînements et de courses. Il est souvent entrecoupé par des blessures. Mon talon d'Achille, c'est mon épaule gauche, vingt-cinq fois luxée, trois fois opérée. Mes ligaments sont du chewing-gum. Le dernier déboîtement s'est produit alors que je dormais sur le ventre, les bras en avant : en voulant me tourner sur le côté, j'ai provoqué la sortie de l'os de sa cavité. J'ai aussitôt remis mon épaule en place, mais ce réveil désagréable m'a convaincu de la nécessité d'une troisième intervention chirurgicale.

Il faut dire que le ski assis tel que je le pratique

sollicite les bras en permanence. En compétition, il faut toujours être à la limite de l'équilibre, atteindre l'angulation maximale qui permet de passer plus vite les courbes et les piquets. Membre de l'équipe de France depuis plusieurs années, je connais ainsi des hivers intenses, tantôt sur la neige de tous les pays du monde, tantôt sur un lit d'hôpital.

Mais avant même le goût de la course, le plaisir de la glisse et du geste parfait, c'est le désir d'être en montagne en toutes saisons qui m'a amené à pratiquer le ski à ce niveau.

Mais c'est une autre histoire...

Pour l'heure, c'est le printemps et je suis content de mon épaule réparée. Elle paraît solide. Ma journée de travail terminée, je m'engage seul sur la neige pour gravir trois cents petits mètres de dénivelée au mont Rond. J'ai mis des rondelles au bout de mes béquilles et une grosse chaussure à mon pied artificiel ; elles supportent mon poids plume sans s'enfoncer. Il fait déjà sombre.

J'avance tête baissée, le corps présent à la montagne, mais les pensées enfermées dans la chambre où le vieux François, allongé sur son lit, se penchait vers moi pour me confier ses souvenirs.

*

– J'aimais beaucoup marcher la nuit, seul dans les rues de Paris. J'aimais entendre mes pas résonner sur les pavés entre les immeubles...

*

Mon faux pas qui alterne la pause des béquilles et celle de ma prothèse ne produit qu'un son étouffé par la neige. Je lève les yeux. Les Alpes étalent leurs pointes blanches au-delà du bassin lémanique. À force d'arpenter les crêtes du Jura, je connais ce paysage par cœur : imperturbablement le même, il m'apparaît pourtant toujours différent – l'air, les nuages, les lumières lui confèrent à chaque fois un aspect unique.

*

François est pour moi comme un grand-père. Tous les jours, après le dîner, nous nous retrouvons. Il n'aime pas la télé ; quant à moi, je lui préfère le spectacle de son visage buriné, avec ses sillons labourés par la vie.

– J'ai fait le même boulot pendant quarante ans : métallurgiste à Boulogne-Billancourt. Je suis né dans le Jura, mais je mourrai ici. En dix ans, j'ai aligné tous les malheurs. Je me suis d'abord retrouvé au chômage, puis l'arthrite m'a attaqué les deux pattes. La maladie m'a bouffé pendant plusieurs années, jusqu'à ce qu'on finisse par me les couper. Quatre ans plus tard, ma femme est morte... Au début, ça va, c'est un nouveau genre de vie. Mais on s'en lasse... C'est dur, la solitude...

*

J'aime avancer seul sur ces crêtes.

À coup de béquilles projetées en avant et de sauts sur le talon de ma lame, je parcours les vallonnements déserts en toute quiétude. Je goûte au bonheur de la solitude, synonyme de liberté, lorsque l'esprit peut suivre le corps dans ses errances...

*

– Ce que j'ai vécu en Allemagne pendant la guerre, ça m'est resté dans la tête durant toute la vie. J'ai vu des choses ! (un long silence)... Des cadavres, des corps éclatés, des rues ravagées par des bombes... la guerre, quoi ! Je suis passé à travers ces horreurs sans une égratignure, et maintenant, regarde, m'y voilà...

*

Une odeur forte trouble la pureté de l'air frais des hauteurs.

À l'écart du sentier, une carcasse de chamois à moitié congelée exhale sa triste puanteur.

*

– Avec tout ce qui m'est arrivé, maintenant, c'est fini, la moindre bricole et je m'en irai !

François est calme, discret, sûr de lui, mais son ton résigné ne trompe pas. Son regard fatigué plonge souvent dans le souvenir du claquement de ses talons sur les pavés parisiens. Plus jamais il ne pourra les entendre. Et pour cause... il ne marchera plus.

*

Encore cent pas. La voiture est là. Il fait nuit. La semelle de ma prothèse crisse sur les graviers. J'aime entendre le bruit de mon faux pied résonner entre les montagnes.

L'OMBRE

Le Mole, c'est la montagne de mon enfance. À Genève, on le surnomme le « mont Blanc des Japonais », mais pour moi, c'est le mont Blanc des enfants : à mi-chemin, une bergerie pleine de canards, d'oies, de chèvres et de brebis fait le bonheur des petits marcheurs.

Le 27 avril, après avoir gravi les sept cents mètres de dénivelée, je découvre un parapentiste au sommet. Il s'élance sous les encouragements des randonneurs et survole longuement l'arête, porté par un courant d'air chaud. La silhouette d'une fillette se détache alors sur la crête. Elle joue à courir sous l'ombre de l'aile volante… À moins que ce ne soit le parapente qui s'amuse à couvrir d'une ombrelle les enjambées de l'enfant ?

Je pense à Denise et à son ombre…

*

L'accent du Sud roule sa gaieté entre les lèvres de la jeune fille de dix-huit ans. Elle est jolie, élégante, raffinée, séduisante. Elle n'arbore ni bagues aux doigts ni talons aiguilles. Comme un alpiniste qui aurait eu les mains et les pieds gelés au cours d'une ascension, elle a abandonné les siens à une méningite fulgurante. Sa nouvelle peau la rend nerveuse, mais il y a pire. Du jour de son malheur, sa mère ne l'a pas lâchée… d'une semelle.

Crépitement

Le 5 mai, c'est vers le Reculet, 1 717 mètres d'altitude, que me portent mes béquillées. Avant de prétendre gravir le point culminant des Alpes, s'attaquer à celui du Jura est la moindre des choses. Chemin faisant, je croise un gaillard d'une belle taille et d'un bon poids, joyeusement barbu, hautement botté et chargé comme un mulet.

Spencer lui ressemblait comme deux gouttes d'eau…

*

Le Bud Spencer libanais mange tous les jours à ma table. On le surnomme ainsi car son corps est un vrai cube : un buste énorme, un ventre imposant, une barbe foisonnante, des bras comme des jambes, et des jambes… comme des trognons de pommes. Les deux ont été amputées très haut. Une bombe les a supprimées. Lourdement assis sur son fauteuil, face à moi, Spencer bâfre comme un ogre. Un demi-ogre. Il lui faudrait des prothèses de sept lieues.

*

– Passe par la cabane de Nardoran, me conseille le gaillard, je m'y suis arrêté pour grignoter un morceau, les chamois pullulent.

Nous discutons un moment. Il fait partie de l'équipe qui a monté à dos d'homme l'immense croix métallique au sommet du Reculet, il y a plusieurs années.

*

– J'étais sergent, chauffeur du général, une bonne place. Il n'était même pas dans la jeep quand elle a sauté... Pourtant, c'est à lui qu'ils en voulaient, bien sûr. J'ai démarré, ça a sauté. J'ai perdu mes jambes pour rien ! Si encore, le général avait été tué, mais non ; il n'y a pas de justice sur cette terre... Qu'on ne me parle plus ni d'Allah ni de Dieu !

*

Le barbu vient là en pèlerinage plusieurs fois par saison. Aujourd'hui, c'est la cent cinquante-sixième fois. Un vent froid nous rappelle que nous sommes encore en mai ; il est temps d'avancer sur notre chemin de croix.

*

À table, à côté de Bud, Ali, un autre militaire libanais, les deux mains coupées par une grenade qu'il n'a pas renvoyée assez vite, me demande :

– Tu connais la capitale du Liban ?

– Beyrouth ?

– Non ! C'est B B B B B B B B B B B B Beyrouth ! crache-t-il en faisant éclater les B comme un crépitement de mitraillette. Ses yeux sont tristes. Sa bouche est sèche. Sa voix faiblarde. Ses joues usées par les larmes. Et pour cause : il n'a plus de mains pour les essuyer.

*

Le printemps commence à peine. Quelques abeilles butinent les fleurs tout juste écloses. J'atteins la croix au rythme de leur crépitement pacifique.

Coupure maligne

29 mai. Cette date ne laisse aucun alpiniste indifférent : Tensing Norgay et Edmund Hillary, équipés de bouteille d'oxygène, ont foulé le toit du monde le 29 mai 1955. Je célèbre la première ascension de l'Everest au Praz-de-Lys en parcourant humblement les crêtes de Marcely jusqu'à leur point culminant, à 1999 mètres d'altitude.

*

On ne connaît ni famille ni ami à Papi Cabriole. Il a quatre-vingt-dix ans et a été mis sous assistance respiratoire ce matin. Il a fait un malaise. Tout le monde, au centre, admire ce vieillard solitaire si bien conservé, alors tout le monde est inquiet. Qu'importent sa jambe droite réduite de trois quarts et ses manies de vieux garçon, on attend tous devant l'infirmerie pour savoir si l'oxygène lui a rendu la force de vivre.

Papi Cabriole a contracté le syndrome de l'hôpital : il s'est accoutumé à être pris en charge, servi, soigné, entouré, si bien qu'il redoute de retourner dans son foyer solitaire. Ce matin, pour repousser son départ annoncé, il s'est blessé volontairement. Après avoir eu la jambe sectionnée, il redoute d'affronter une amputation plus douloureuse encore : la coupure avec un monde où il est heureux.

*

Là-haut, des nuages menaçants frôlent le sommet dans une atmosphère digne du Jugement dernier. La vallée est toute proche, mais l'ambiance apocalyptique et l'isolement procurent le plaisir étrange de se sentir perdu, minuscule. Être coupé du monde : voilà ce qui motive tant d'alpinistes.

Reflets

Lessy… Que ton nom est joli, Lessy…

*

Le 31 mai, mille mètres de dénivelée m'amènent au lac de Lessy, un petit plan d'eau tranquillement creusé dans l'ombre des sommets, à deux pas des Aravis.

*

Atteinte à cinq ans de purpura fulminant, Lessy en garde la marque ineffaçable. Elle n'en est pas morte, mais elle a perdu les deux jambes, un bras et un visage humain.

*

Dans le lac barbotent des courageux, des insensés, ou des Nordiques : l'eau est à 6 °C !

*

Il lui reste un bras, désormais énorme, hyper musclé, un corps en forme de boule et une bouche de travers que la chirurgie esthétique a plus ou moins reconstituée.

Lessy caresse l'espoir de se marier. Je ne veux pas démolir son rêve, mais quel homme voudra-t-il embrasser cette bouche sans lèvres ? Elle me raconte que sa femme de ménage, son unique compagnie, l'interroge chaque jour :

– Alors, c'est pour quand, le mariage ?

– J'ai le temps, répond Lessy.

Aujourd'hui, elle a décidé de se faire belle. Elle a mis du fard sur les cicatrices qui lui servent de peau et du rouge sur le trou qui lui sert de bouche.

*

Je tente de me plonger dans le lac de Lessy, de forcer mon corps réticent au contact avec cette substance glaciale qui me fait reculer.

*

Annie a le même âge que Lessy mais elle en est le négatif : un beau corps et un visage superbe. Elle est la preuve vivante – s'il en fallait une – qu'une jambe en moins ne refroidit aucun homme... Annie, le sexe personnifié, et Lessy, l'antidote de l'amour, deux amies que la vie voit vieillir en accéléré, l'une de connaître trop d'amants, l'autre de n'en tenir aucun. Deux destins qui se sont croisés dans l'ombre d'une amputation.

*

Tant pis, je ne m'y glisserai pas : seuls mes ricochets troubleront les eaux stagnantes de Lessy.

Le carcan

Le 18 juin, depuis le parking au-dessus du lac des Confins, nous partons entre amis pour le Trou de la Mouche, 2453 mètres d'altitude, 1032 mètres de dénivelée, sous un soleil de plomb. L'écran total protège nos visages en vue des deux heures et demie de crapahut sur un terrain de plus en plus caillouteux et pentu.

Bientôt, il ne reste plus qu'à gravir un long pierrier monotone. Dans ma tête vrombissent les images de celle que tout le monde appelait « la Mouche »...

*

Elle est plutôt jeune, toutefois je ne saurais dire si elle a quinze, vingt-cinq ou trente-cinq ans. Son visage est charmant, presque doux, mais d'une grosseur démesurée par rapport à son corps. Elle mesure moins de 120 centimètres. Aucun de ses membres n'a l'avantage sur un autre.

À gauche, un immense tentacule dont l'extrémité est munie de trois doigts, semble avoir dévoré une partie du bras droit, atrophié et terminé par un moignon bien lisse. Deux jambes extrêmement courtes et apparemment dépourvues de genoux lui permettent d'avancer tant bien que mal, chaque pied tourné vers l'extérieur.

*

À l'approche du Trou, on croirait un insecte incrusté dans le rocher entre les combes du Grand Crêt et celle du Colombin. Un orifice haut comme une maison rend possible le passage d'une combe à l'autre. Les randonneurs transitent par cette ouverture entre les deux vallons, sous les deux ailes géantes déployées.

*

Elle s'est arrêtée prendre un café. Son minois avenant et ses gros yeux qui regardent partout ne laissent aucun doute : son cerveau fonctionne à la perfection. À la vue de son corps déformé, on pourrait pourtant croire que la tête aussi a trinqué. Il n'en est rien : on prétend qu'elle gère une dizaine de sociétés immobilières et qu'elle occupe à ses frais tout le dernier étage du centre.

Elle a vu qu'on l'observait et tout en sélectionnant un cappuccino, elle lance d'une voix forte et bien posée :

– Eh les jeunes ! ça y est, vous m'avez bien vue ? J'ai pas d'ailes dans le dos ! Au lieu de me mater, y en a pas un qui payerait le café ?

*

La légende raconte que la mouche, les ailes immobilisées dans le calcaire, attend d'être délivrée de son carcan pour s'envoler enfin.

La ventouse

Le 9 juin, sous le regard ironique de petits bouquetins curieux et joueurs, je prends des risques aux Cornettes de Bise en rampant par le pas de la Bosse.

*

– J'ai toujours une balle de 9 mm dans la poche !

*

Les éterlous ont l'air goguenard de ceux qui se demandent « Passera, passera pas ? » La moindre glissade finirait très mal. « Si tu tombes, c'est la chute ; si tu chutes, c'est la tombe », dit le proverbe...

*

Thierry s'exprime avec un accent marseillais convaincant, des mimiques exagérées et en accompagnant de ses mains la description de chaque scène. Son visage est carré, son front plissé ; il a le menton en avant, des rides tendues, les yeux écarquillés. Dans un accident de moto, il a perdu sa jambe. Pas son bagout :

– Quand j'étais videur de boîte de nuit, ma spécialité, c'était le coup de tête. En trois mouvements, je descendais un homme. J'arrivais calmement vers lui, je lui parlais gentiment et soudain, après l'avoir attrapé, je frappais. Dorénavant, je vais me spécialiser dans le coup de coude ! Violent et décisif ; tu tapes à côté de la narine ; regarde, comme ça... bam bam bam.

Heureusement, il cogne dans la paume de sa main.

– En sortant d'ici, ajoute-t-il à voix basse, j'ai trois mecs à buter...

*

La prudence me commande de ne pas insister. Il vaut mieux que mon demi-corps fasse demi-tour. Pourtant, je suis curieux de connaître la suite. Le plus dur est toujours de rebrousser chemin. Il faut du courage pour renoncer – et de la rage pour continuer.

*

– D'abord, je vais m'occuper de celui qui a tenté de me chouraver mes bagues alors que j'avais une jambe dans le plâtre et l'autre coupée. Je vais lui sauter à la gorge et je le jetterai dans le vide. Ensuite, j'irai retrouver les deux salauds qui ont mal parlé à ma fille. C'est elle qui me l'a dit. Sa mère lui avait conseillé de se taire car elle sait que je ne renoncerai jamais à la venger.

*

En contrebas, une herse de rochers aiguisés attend

celui qui commettra l'erreur. Sur le névé si étendu qu'on croirait un glacier, la trace est faite pour les marcheurs. À béquilles, le passage est périlleux : il n'y a de place que pour une chaussure à chaque marche.

*

Thierry explique encore :

– Un jour que la prothèse me fera trop mal, je monte là-haut dans ma chambre et puis... la roulette russe...

Il mime le geste de se tirer une balle sous le menton.

*

Nous n'avons pas de corde et je ne porte pas de gants. J'enfonce la main gauche dans la neige aussi profondément que possible et y cherche prise pour les doigts. Une fois cet appui bien assuré, je pose délicatement la béquille droite sur la marche suivante. J'y porte alors mon poids entier afin que l'embout fasse ventouse sur la neige. Enfin, confiant en ma poignée de neige d'un côté et ma poignée de canne anglaise de l'autre, je franchis le pas. Ainsi de suite, tantôt sur la semelle de la prothèse, tantôt en pendulaire entre la béquille et les doigts, je dépasse les cinquante mètres dangereux.

*

– Voilà, ce sera fini... Fini les ventouses qui tiennent l'emboîture, les poires, les jerseys, les réglages de prothèse... fini tout ça. Parce que, tu te rends compte ? jamais tu n'auras le droit d'oublier ta ventouse... Tu seras comme ça toute ta vie... Tu te rends compte ? toute la vie !

*

Je me retourne : le numéro d'équilibriste est terminé, l'embout n'a pas glissé. Il y a dans cette promenade « glissera, glissera pas » un côté « ludique » qui plairait aux adeptes de la roulette russe…

Caniculaire

8 heures le matin du 14 juin ; pas de chance, sur le pierrier du Grand Bargy exposé au sud, il fait déjà 27 °C. La montée dans la caillasse est longue et j'ai bu de l'eau non potable qui m'a rendu malade. Je me demande bien pourquoi j'ai choisi cette ascension, par cette face-là, en cette journée si chaude…

*

Malicha dit qu'elle a de la chance. Elle porte rondement vingt-sept années d'une existence qui s'annonçait toute tracée. Aux portes du Sahara, elle avait un mari, trois enfants et une tumeur osseuse au genou gauche. Elle n'avait rien choisi de tout ça. Livrée au premier, elle en avait hérité les trois autres sans trop s'interroger. Quant à la tumeur, lorsqu'elle s'est déclarée, Malicha a été prise en charge par un programme sanitaire franco-algérien. Malicha a de la chance.

*

À cinq reprises au moins, on aurait pu croire que le sommet était à portée de main. Mirage ! Au moment d'arriver dessus, il s'est effacé pour laisser place à une nouvelle bosse encore plus caillouteuse. Il faut avancer avec prudence car le sentier, plus ou moins tracé, agrémenté de cairns trop rares, longe de grandes failles dont on ne voit pas le fond et traverse des lapiaz à la roche coupante.

*

En France, la cuisse de Malicha est amputée et la grande vie commence. Rouge à lèvres et maquillage en haut, jambe de bois en bas, Malicha ne s'en fait pas. Elle va cahin-caha de festin en bon vin et sa silhouette bancale s'enrobe.

*

Quelques passages sérieusement inclinés m'obligent à un maniement de béquilles audacieux ; j'explore mes appuis comme un escrimeur cherche ses touches. La chaleur est toujours caniculaire. Voyant que plusieurs marcheurs s'arrêtent au col d'Encrenaz, je doute de pouvoir accéder au sommet, avant de découvrir une issue périlleuse pour ma jambe esseulée. Enfin je vois le cairn suprême ; je ne repartirai pas bredouille du Grand Bargy.

*

Lorsqu'il vient la chercher, le mari est confus de découvrir la métamorphose de son épouse dodue. Elle est désormais insaisissable, enivrée par les nuits parisiennes. Il repart bredouille, sans Malicha qui n'entend plus être ni bonne ni mère.

Une jambe perdue, un destin retrouvé : Malicha a de la chance.

Joindre les deux bouts

Ma prothèse de pied frappe la caillasse qui mène à la Jonction, 1 400 mètres plus haut. Je monte les béquilles à hauteur d'épaules et je pendule. Et ainsi de suite, en ce 18 juin, je file au-dessus de Chamonix. Je ne vois ni les promeneurs qui se désaltèrent ni le paysage sublime qui m'encercle. Les embouts de caoutchouc de mes béquilles sont presque percés mais je ne m'arrête pas pour les changer. Je grimpe avec rage. Je me souviens d'une jonction d'une autre nature, contre nature, et mon pied frappe la caillasse...

*

Un visage fin sous une épaisse tignasse blonde, Emma est normande et vient de passer vingt-trois ans. De justesse. À une enfance plus que rude est venue se greffer une tumeur au genou gauche. La cuisse a été amputée rapidement au-dessus de l'articulation métastasée pour éviter la propagation du cancer. Progrès de la médecine ou petit jeu chirurgical, on a récupéré le pied tout juste tranché pour le greffer, retourné, sur le moignon de cuisse. Le genou malade a été supprimé comme si l'on avait simplement ôté la pièce d'un puzzle. Miracle de la science, voici Emma équipée d'une jambe tronquée et vrillée, sa cheville à l'envers faisant office de genou de remplacement... Étrange assemblage.

*

La Jonction est faite. Voici le chemin des Grands Mulets emprunté par les pionniers du mont Blanc en 1786. L'immense glacier se divise en deux longues jambes blanches qui descendent frôler la vallée.

À perte de vue se superposent colonnes de séracs et crevasses enchevêtrées. Un paysage à couper le souffle.

*

Un grain de sable, hélas, s'est glissé dans l'élégant rouage : la réponse musculaire n'a jamais fonctionné et la cheville destinée à servir de genou est devenue aussi raide qu'un té, faisant de la jambe d'Emma une énormité et de sa démarche une calamité.

À peine sauvée du cancer, Emma n'a qu'une hâte : se débarrasser de cette vie-là.

Elle dérobe à l'infirmerie un petit scalpel avec lequel elle se tranche les deux poignets et la jugulaire. La douche coule rouge. In extremis, sa vie est préservée.

La médecine a besoin de cobayes...

Son pied est toujours pendu à l'envers sous sa cuisse ; c'est plus pratique pour se botter les fesses !

TOUSSOTEMENTS

2 juillet. Sur le dévers abrupt tartiné de neige fondante, Kathy glisse. Je suis déjà engagé dans la partie raide. Les béquilles aux poings et un crampon au pied de ma prothèse ne m'aident guère à la retenir. Je me penche autant que possible en arrière pour ne pas être entraîné pendant que Bernard, en tête, plante le piolet afin d'enrayer la glissade... Ouf! La vie aurait pu s'arrêter sur ce champ de neige.

Qu'en penserait Agata qui rêvait de voir des flocons?

*

La petite Agata a dix ans. Un avion français s'est écrasé sur son école, en Centrafrique, la privant d'un pied et lui brûlant le visage et les mains.

– Je faisais du saut en hauteur quand l'avion est passé en rase-mottes, explique-t-elle, pour rire.

***

*

Si la traversée des premières crevasses nous impressionne, bientôt l'habitude est prise et nous sautons par-dessus ces gouffres béants comme s'il s'agissait de petits ruisseaux. J'essaie toujours de poser mes béquilles le plus loin possible du bord opposé puis je m'assure que le contact des embouts est stable avant de lancer jambe et prothèse bien en avant. C'est curieux comme survoler ainsi vingt mètres de vide frigorifique réchauffe ! Pour rejoindre le refuge, nous parcourons l'immense et magnifique glacier d'Argentière, au pied des faces nord mythiques de l'aiguille Verte, toute blanche, de la Droite, bien verticale en effet, et de la Courte, pas si tassée que ça !

*

Agata pousse vite. Tous les six mois, elle quitte Bangui pour venir en France changer sa prothèse.

– Je suis contente d'avoir la jambe coupée, me confie-t-elle. Comme ça, je reviens toujours ici. Il ne faut pas que je cesse de grandir !

Elle donne à tous les résidents du centre l'exemple d'une adaptation parfaite : infatigable, elle court, saute, grimpe et joue à longueur de journée. Nous voudrions tous avoir ses facilités.

*

3 juillet. Direction le col du Tour Noir, 3 535 mètres d'altitude. La montée débute sans ménagement : pas de sentier mais un dédale de rochers où il faut se frayer un chemin. L'équilibre est précaire sur ces pierres bancales

entre lesquelles les béquilles ont tendance à se faufiler à mon insu. Impossible de progresser rapidement quand il faut prendre le temps de réfléchir à la pose des embouts, évaluer leur stabilité, et recommencer au pas suivant. Je peine sérieusement lorsque le passage emprunte un dévers sableux n'offrant aucune accroche. Au-dessus se trouve le glacier où je pourrai enfin avancer en toute sérénité, en me baladant parmi mes souvenirs...

*

La vie chez Agata n'est pas gaie tous les jours. Elle m'a demandé d'écrire une lettre à son père, chauffeur de taxi. Malgré les milliers de kilomètres qui les séparent, la fillette de dix ans veut lui rappeler quelques règles de conduite :

« Papa, il ne faut pas que tu boives trop, il ne faut pas que tu tapes maman. Donne-lui de l'argent pour qu'elle prépare bien à manger et ne buvez pas l'eau des marigots... »

*

Je tousse sans arrêt. Peut-être parce que j'ai bu la tasse en me baignant il y a quelques jours... À moins que ce ne soit l'altitude, ou encore la sécheresse de l'air... Je ressens une fatigue musculaire plus intense que d'ordinaire et je me demande ce que je fais là, tenu en laisse sur cette langue glaciaire. Je finis pourtant par atteindre le col où, entre deux quintes de toux, je remercie Bernard et Denis qui m'ont conduit jusqu'ici, me permettant de découvrir le fabuleux panorama sur les sommets suisses. De quoi rester bouche bée tout le temps du casse-croûte...

*

La petite Agata ne cesse de nous surprendre. Elle explique au kiné, le plus sérieusement du monde :

– Monsieur, la prothèse me fait mal au bout du moignon.

Le praticien se penche, regarde, tâte, s'interroge, s'apprête à trouver une explication, quand Agata, inquiète, propose la sienne :

– C'est ma jambe qui doit commencer à repousser.

Premier 4 000 !

L'ascension de l'Allalinhorn, 4 027 mètres, le 11 juillet, est une course d'acclimatation sans trop de dénivelée. Il ne faudrait pas se « sécher » trois jours avant la grande épreuve ! En prenant de l'altitude le long des pistes de ski de Saas Fe, je songe à Étienne, ce jeune Suisse qui avait sa manière à lui de prendre de la hauteur…

*

Il manque les mains au bout des bras d'Étienne. Chaque jour, il répète à ceux qui ont le malheur de le plaindre :

– Oui, je sais, il faudrait que je cesse de me ronger les ongles, sinon, je n'aurai bientôt plus de coudes…

*

Nous franchissons quelques crevasses avant d'atteindre une pente raide. Notre groupe de cinq avance corde tendue, mais il me semble que si un seul dérapait, nous partirions tous en glissade tant la neige est glacée… Je m'applique donc, suivant les indications de Bernard, à monter en crabe. Sans cheville souple pour me permettre de bien poser toutes les pointes du crampon, je me tiens de travers, ce qui assure une accroche maximale de ma prothèse. Les pointes de mes béquilles, frappées au sol entre chaque pas, ne dérapent pas. Je me concentre sur mes appuis jusqu'à ce que le raidillon où le vent a balayé la neige soit gravi.

Une semaine après notre passage, quatre personnes se tueront là car la glissade conduit tout droit dans un gouffre dont on ne ressort par le bas que quelques siècles plus tard.

*

Noël approche. Tous les résidents préparent leur séjour hors du centre, souvent leur première sortie dans le monde avec leur nouveau corps. À ceux qui interrogent Étienne sur le programme de ses vacances, il répond :

– Ben voyons, je vais rendre visite à ma famille, comme tout le monde : je pars au Groënland, voir les manchots !

Quand on suggère qu'il aurait mieux fait de perdre ses pieds, il réplique qu'il a conservé ses deux coudes et sa capacité de faire des bras d'honneur ! Et il enfonce le clou :

– Depuis tout petit, je perds mes affaires. Alors j'ai fini par égarer mes mains, et en même temps, j'ai perdu ma montre en or, et pire, mon alliance. Du coup, ma femme en a profité : elle a divorcé !

*

La randonnée n'est pas difficile, comme promis, et nous offre à la fois un dernier entraînement sur glace, une meilleure acclimatation encore et la gloire d'avoir « fait un 4 000 » ! Sans compter que mon frère Pierre est maintenant certain d'avoir besoin de Diamox, un médicament contre le mal des montagnes, pour passer du bord de la mer où il vit au sommet du mont Blanc. On ne prend pas de la hauteur impunément !

Dorénavant, chacun sait sur quel pied danser pour l'ascension de la semaine prochaine.

C'est ta fête

15 juillet, 9 heures, nous sommes seuls à Tête Rousse.

La première étape sur la voie du mont Blanc consiste à rejoindre le refuge du Goûter, six cents mètres à la verticale de nos têtes. Avant de lancer la première béquillée vers la haute montagne, j'enfile mes mitaines, règle mon sac à dos, puis j'attends Doumé.

Rêveur face au panorama époustouflant, je me demande pourquoi l'image du paradis correspond à celle d'une île du Pacifique plutôt qu'à ces aiguilles effilées que je chéris tant.

Une idée en appelle une autre : j'ai maintenant à l'esprit le souvenir de mon ami tahitien. À chacun son paradis...

*

On l'appelle Estafette. Il a toujours aux lèvres un sourire léger, détaché. Il semble tombé d'une autre planète. Il vient de Tahiti.

« Le groupe des jeunes, le groupe 5, est appelé dans le hall principal ! »

Je n'ai jamais su quels étaient les groupes 1 à 4, mais moi, on me l'a dit, c'est sûr, j'appartiens au 5. Je descends. Marche, sport assis ou atelier d'ergothérapie, les journées sont rythmées par la voix de la réceptionniste qui diffuse dans les haut-parleurs le programme des activités.

Sa voix nasillarde précise :

« Estafette AUSSI est prié de se rendre dans le hall ! »

Tout le monde l'appelle Estafette, même le haut-parleur désormais ! Les jeunes déjà dans le hall se marrent. De toute manière, Estafette n'en fait qu'à sa tête. Le voilà.

Il m'interpelle de sa voix tranquille et modulée :

– Salut Jimbo ! Ça va la trompe ?

Il a affublé chacun d'un surnom : « New York city » pour Tanguy qui pue de la bouche, « Jeannot Lapin » pour Camel qui s'est fait tirer dessus par un chasseur, « Niagara » pour Sylvie qui pleure si souvent... Je suis « Jimbo » depuis que j'ai enfilé ma prothèse d'essai, simple emboîture en forme de pied d'éléphant. Déformé par l'accent d'Estafette, Jumbo est devenu Jimbo.

Estafette est grand et mince ; il a le teint jaune et le menton caché par une barbichette noire. Assis sur sa chaise roulante que pousse toujours nonchalamment son pied gauche, sans jamais utiliser les bras, ou bien debout, la hanche en appui direct sur la prothèse car il n'a plus de fémur droit, le Tahitien paraît invariablement longiligne, le corps effilé, l'esprit léger. Sa béquille semble à peine moins épaisse que lui et on se demande qui soutient qui. Il ne s'encombre d'aucune lourdeur, ni sous sa peau ni dans ses relations. Simplicité et dérision en font le maître de ces lieux, le meneur du groupe 5, celui que chacun recherche pour ne pas s'ennuyer.

Nous nous sommes rencontrés à table dans la grande salle à manger, face à face. Un peu plus loin, en tête à tête, un monsieur et une dame âgés mangeaient à petites bouchées apathiques. Sous la table, leurs prothèses tendues sur le marchepied de leur fauteuil roulant se touchaient et l'on aurait cru que les deux pauvres vieux se faisaient du pied tendrement.

La scène nous a fait éclater de rire au même instant, avant même que nous n'ayons échangé la moindre parole.

Il a fallu un week-end particulier pour que je comprenne le rapport étrange d'Estafette à la vie, son détachement cynique et son regard ironique.

Ce samedi-là je n'avais rien prévu, pas de sortie, et lui non plus. Le centre, déserté en fin de semaine, aurait été bien morne sans sa présence.

Il déboule au petit déjeuner et me lance :

– Jimbo, tu viens avec moi, on va à Paris.

Comment compte-t-il que nous procédions ? En roulant sur nos fauteuils ou bien en clopinant, lui sur sa patte de flamant rose et moi sur pied d'éléphant ?

– Qui veux-tu qui nous prenne en stop ?

– Ne t'inquiète pas, je m'en occupe !

Bien entendu, je vais le suivre, quoi qu'il arrive !

Le voyage se présente mieux que prévu.

Avant de se retrouver au centre, le Tahitien a partagé sa chambre d'hôpital à Paris, en orthopédie, avec François, un bras cassé. Pas longtemps, car l'un est rentré chez lui avec un plâtre en plus, tandis que l'autre retournait en chimiothérapie avec une jambe en moins.

Estafette l'a appelé. Il est venu aussitôt, le temps d'arriver dans sa grosse Citroën. Comme il est interdit de sortir sans l'autorisation du médecin, nous faisons mine de prendre un café au jardin avant de monter en vitesse dans la voiture qui nous attend. Direction les Champs-Élysées !

Assis derrière sur le cuir de la XM, j'ai la tête qui tourne. Les arbres défilent de plus en plus vite ; drôlement grisant, ce jeu vidéo à 180 kilomètres/heure sur l'autoroute ! 190, 200, 210... Et le Tahitien répète :

– Tu le sais, François, j'ai encore ma petite fille à aller voir... Allez, laisse-moi conduire.

Et ils rient. Puis François s'arrête :

– Chiche !

Il lui laisse sa place au volant. L'embrayage a beau être automatique, Estafette n'a pas de jambe droite. À la place, un long tube d'acier et une biellette en guise de genou. Il l'attrape des doigts et explique :

– Pied gauche, je freine ; main droite, je pousse le tube et j'accélère. Facile ! Après ce sera ton tour, Jimbo !

– Mais j'ai pas le permis...

– Moi non plus, et alors ?

Nous voilà sur les Champs. La grosse Citroën vrombit au ralenti : la prothèse d'Estafette est restée coincée sur l'accélérateur et son pied gauche appuie à fond sur le frein.

François plonge sous le volant pour décoincer la ferraille.

Nous prenons pied dans la capitale au rythme lancinant de la canne d'échassier du Tahitien et de mon sabot de pachyderme. Quelle animation à côté des lieux que nous fréquentons depuis des mois !... François, grand seigneur, offre des disques, des vêtements, des livres. Il nous invite à la terrasse d'une brasserie. Il achète de bon cœur tout ce que le Tahitien repère.

Je les accompagne sans comprendre, étonné de cette générosité, gêné par ces dépenses excessives, amusé par ce guide altruiste. La nuit venue, un instant seul avec François, je l'interroge :

– Ça nous change de notre cloître ! Merci pour cette journée fantastique, la première de ma vie nouvelle. Mais pourquoi fais-tu tout ça ?

J'aurais peut-être dû préserver le mystère et ne pas en gâcher la magie... Trop tard ; il me répond avec gravité :

– Pour toi c'est une première, pour le Tahitien, c'est peut-être une dernière. Sa jambe n'a pas été coupée à temps. La tumeur de la cuisse a déjà propagé des métastases dans le buste. Ses jours sont comptés et il le sait. J'ai entendu les médecins parler quand nous partagions la même chambre. Il veut sortir du centre au plus vite, retourner sur son île, revoir sa petite fille. Avant de mourir.

Quand tard dans la nuit, en roulant vers le centre, Estafette me demande doucement de chanter avec lui, le cœur n'y est plus :

« Je me croyais, ai, ai
À Tahiti, i, i
Je me voyais, ai, ai
Au paradis, i, i... »

3e partie

« Le pied est un chef-d'œuvre de la technologie et une véritable œuvre d'art. »
Léonard de Vinci

Heureux, le sommet conquis à bout de souffle, j'ai regardé en l'air ; je me suis cru, à mon tour, au paradis.

Un petit nuage solitaire défilait doucement sur le bleu du ciel.

J'ai pensé à cette autre journée si particulière où un nuage identique avait capté mon ultime instant d'attention.

La tête entre deux rails, la nuque contre le sol et le souffle court, à la faveur d'une seconde de répit, j'ai observé le bel arrondi d'un nuage se promenant lentement sur l'azur céleste. Je me suis dit qu'il devait me porter chance, ce ne pouvait être le dernier sur lequel mes yeux se posaient.

Comme si les paroxysmes de l'atrocité et de l'accomplissement s'étaient donné rendez-vous sous le même ciel, à quelques années d'intervalle.

Deux béquilles pour une aiguille

Il y a peu de risque de voir un caillou projeté dans notre direction par la semelle maladroite d'un grimpeur. Les passagers du tramway les plus matinaux ne seront pas là avant 10 heures et ceux qui descendent du sommet ne débouleront qu'après 11 heures. Nous pouvons donc progresser tranquillement.

Au départ, la traversée d'un névé m'oblige à équiper mes béquilles d'embouts spéciaux, un savant bricolage de larges rondelles de bâtons de ski de randonnée associées à des crampons. Ils tiennent bien dans la neige matinale encore dure, mais une fois sur le rocher, les pointes dérapent. J'appelle Doumé :

– Il faut que je change d'embouts. Peux-tu me passer les caoutchoucs ?

Nous les cherchons en vain. Dans l'excitation du départ, il y a eu confusion entre ce que je chargeais sur mon propre sac et le matériel réparti dans ceux de Doumé et de Pierre. Apparemment, les capuchons de caoutchouc ont échoué sur un banc en face du refuge. Il est vrai que cet accessoire n'appartient pas à l'équipement de l'alpiniste ordinaire !

Pendant que Doumé, toujours calme, s'allège de son sac, de la corde et du piolet pour descendre récupérer mes précieux ustensiles, Kathy et moi rejoignons la cordée précédente composée de Pierre et Bruno.

Pour les besoins du film, Bruno en profite pour m'interviewer, mais peut-être à cause du décor lunaire, nous sommes d'humeur surréaliste…

– C'est quoi, le plus dur ?

– C'est d'attendre…

– Où es-tu ?

– À Genève ; vous ne voyez pas les immeubles derrière ?

– C'est dangereux ?

– Oui, on est là au carrefour de la mort ; d'ailleurs, voilà une avalanche de Pierre qui arrive…

Mon frère balance de petits cailloux sur mon casque.

– Peux-tu montrer la voie ?

Je hurle :

– Absolument, je peux monter la voix à 3 400 mètres !

Bruno perd patience :

– Allez, on recommence, mais sérieusement !

Dix fois nous remettons ça, sans parvenir à nous calmer. Le moindre mot est sujet au délire, si bien que l'interview « sérieuse » doit être reportée…

Doumé nous ayant rejoints, nous poursuivons en direction du Grand couloir. C'est la première fois que je m'engage béquilles aux poings dans une face comme celle-ci. Un pari pour une paroi ! Je monte avec curiosité, amusé de me trouver à jouer entre les rochers, éprouvant mes forces contre cette nature un peu rêche. L'exercice consiste à épouser le terrain, agripper d'une main les larges prises tandis que l'autre recherche un point d'adhérence pour le caoutchouc de ma béquille. D'un coup de rein, je vais et je viens entre deux mains… Il faut forcer sur les bras, les épaules, le dos, le fessier et la cuisse ; et le corps suit. C'est un véritable plaisir ; j'aime cet escalier irrégulier emprunté tranquillement à la cabane de Tête Rousse, au pied de l'aiguille, et qui aboutira sur le palier du refuge du Goûter, entre granit et glace. Les marches de roc sont inégales et d'inclinaison variable, mais on peut se tenir à la paroi comme à la rampe d'un escalier. Isolé entre les blocs gris sombre, on a l'impression de progresser au cœur d'une immense sculpture.

Dans tous les cas, le bonheur est tout en haut, à portée du regard, et de lui seul tant il me semble que mon corps ne saura venir à bout de cette pyramide chaotique.

Devant nous, soudain, s'ouvre le fameux « couloir de la mort », passage obligé.

Il s'agit de louvoyer dans une sorte de gouttière alternant éboulis, névés et graviers. Filer le plus vite possible pour limiter la probabilité qu'un caillou de la taille d'une armoire vienne anéantir les chances de vaincre le mont Blanc, voire celles de continuer à vivre – cela se produit régulièrement. Pourtant, avec son dévers instable, le terrain ne permet pas le sprint. La traversée n'est possible qu'au pas, un œil pour le pied, l'autre sur les hauteurs d'où peut surgir la menace.

Notre humeur badine est battue en brèche par les premiers cailloux qui giclent devant nous.

C'est la peur qui me fait trembler lorsque je pose la prothèse sur les gravillons humides. Ils roulent sous la semelle. Du coup, par endroits, je traverse à quatre pattes – ou plutôt à trois : béquille en appui à main droite, main gauche posée côté pente et genou au sol.

À peine sommes-nous de l'autre côté, essoufflés, le cœur palpitant mais rassurés, que nous entendons fuser des cris, amplifiés par l'écho... Juste en dessous, des gens courent. Là-haut, un bloc gros comme une voiture vole dans la gouttière, tournoyant sur lui-même à une vitesse toujours plus grande. À toute allure, nous grimpons le plus loin possible. Le bloc se fracasse contre le flanc du couloir et fait exploser des dizaines d'autres rochers qui, à leur tour, ricochent dans le toboggan dont on ne voit pas le fond. On dirait des athlètes de triple saut dont les bonds s'amplifient à chaque impulsion. Par chance, il ne se trouve personne au milieu. Ce spectacle, accompagné du bruit incessant des graviers qui ruissellent, donne à tous les prétendants au sommet la mesure du terrain de jeu, comme un rappel à l'ordre que la montagne nous adresse d'un jet de pierres mortel.

L'émotion passée et le rythme cardiaque revenu à son juste battement, l'ascension continue avec insouciance... Faibles humains pleins de folie que rien ne décourage ! Très vite, le danger paraît lointain. Le cheminement dans le dédale redevient étonnamment distrayant, à se faufiler, glisser entre des blocs énormes ou grimper sur des grattons. Le relief anarchique dicte à notre montée une chorégraphie étrange où les béquilles passent, comme le témoin d'un relais, de la main du guide à la mienne.

J'irais volontiers un peu plus vite, mais l'imperturbable Doumé déclare, sentencieux :

– Tu vois, le mont Blanc, c'est ici qu'il se gagne. Faut pas se presser, pas s'énerver. Il faut monter tranquillement sans se fatiguer. Toujours garder des réserves. Marcher comme si on était blessé...

Il ne croit pas si bien dire.

L'étroite terrasse du refuge du Goûter, notre deuxième étape, est bientôt atteinte. Tout se déroule comme prévu, au mieux de ce que nous pouvions espérer...

Mais Doumé s'approche de moi l'air contrarié. Il vient de discuter avec le gardien.

– La météo annonce du vent pour demain...

Je reste silencieux pendant qu'il répète pensivement :

– Beaucoup de vent, trop de vent... Ça va pas être facile... il va falloir choisir... le moment est peut-être venu de lancer les dés...

OK CORAIL

Des voyages en train, j'en fais souvent. J'aime les gares, j'admire la complexe organisation de ce mode de transport, avec son réseau de rails, toutes ses locomotives et ses wagons. J'aime les belles lignes tracées par les longs serpentins de métal à travers les campagnes, les villes et les forêts. J'aime le bruit lancinant des périples ferroviaires, le coup de sifflet légendaire qui me transporte avec nostalgie dans la maison blanche de mes grands-parents bretons – un petit train rouge filait de l'autre côté du pré des vaches et le passage de cette joyeuse horloge vagabonde et sonore nous indiquait l'heure du déjeuner, de l'apéritif et du thé. Oui, j'aime les trains, malgré la locomotive corail 19061, formidable machinerie attelée à dix-huit wagons, qui a voulu ma peau...

En compostant mon billet à la borne automatique du quai n° 5, comment aurais-je pu deviner que, par l'entremise de ce petit trou, comme Alice au pays des merveilles j'entrerais dans un monde inconnu ? Je me glissai obstinément dans le minuscule orifice percé sur mon ticket sans réaliser qu'au-delà de cette limite, je risquais de tomber dans un chaudron bouillonnant plutôt que dans un royaume merveilleux.

Les voyages forment la jeunesse, dit-on; celui-ci sera effectivement formateur : il établira mon corps et mon esprit dans un nouveau format, il leur conférera une forme inédite.

J'ai pris sagement place dans le compartiment sans me douter que mon train-train quotidien allait voler en éclats.

Éclats définitifs de chair et d'os, éclats d'une routine qu'aucune rustine ne pourra recoller.

Pourtant, tout avait bien commencé.

Je me réjouirai toujours qu'une des dernières utilisations de mes jambes ait été de disputer une partie de squash furieuse, en cinq sets, contre un copain de longue date, quelques minutes à peine avant le coup de sifflet du chef de gare.

Cette fois, pas le temps de bavarder autour d'un verre : sitôt le match fini, je cours vers la gare. Les vacances, mes parents, mon frère m'attendent de pied ferme à l'arrivée.

Installé sur mon siège, je souffle enfin. Le match m'a asséché le gosier.

Au deuxième arrêt, le compartiment se remplit de militaires en permission. Ils fument tous et me voilà la gorge en feu. Il faut que je boive...

Le bar est en queue du train. Le pied léger, je traverse les wagons en me jouant des secousses, des virages, des ralentissements. Marcher est si facile... Si je savais que j'effectue là mes derniers pas, je flatterais, je caresserais ces jambes agiles et musclées qui me permettent d'avancer sans y penser. Je les remercierais des services rendus, des courses d'enfant, des longues promenades et des petites ascensions. Au lieu de ça, je progresse vers le wagon-restaurant tout en lorgnant du coin de l'œil les passagers absorbés dans la contemplation distraite du paysage qui défile...

– Je pourrais avoir un verre d'eau s'il vous plaît ?
– Ah non, désolé, ce n'est pas possible ; il y a des petites bouteilles d'eau minérale, là, si vous voulez...
Je fouille mon portefeuille. Il me manque dix centimes. Moi qui meurs de soif, voilà que je manque de liquide ! Heureusement, j'ai mon chéquier...
– Ah non, désolé, pas de chèque pour si peu !
Je comprends qu'il refuse.

S'il s'était douté, cet employé, que ses réponses disciplinées, le verre d'eau refusé, la pièce manquante, le chèque insignifiant, allaient conduire le jeune homme en face de lui à se vider de son sang, je suis persuadé qu'il lui aurait offert son stock de boissons tout entier. Il ne savait pas et aujourd'hui encore, il ne se doute sûrement pas des suites de ce « presque rien »...

Je retourne à ma place en examinant le sol du couloir : sait-on jamais ? on trouve parfois des pièces tombées d'une poche... J'hésite à mendier les dix centimes auprès du contrôleur, quand j'entends le haut-parleur annoncer :

Faux pas

« Arrêt. Une minute d'arrêt à la gare d'E. »

Une minute ! Sur le quai, des voyageurs ici et là, mais aucun distributeur de boissons fraîches. Zut ! Ah, là-bas, les toilettes ! J'ai juste le temps d'aller me rafraîchir le gosier à un robinet... Me voilà descendu ; j'entends déjà le « glou glou » de l'eau sur mes papilles... Mais non, c'est le « tchou tchou » de la locomotive qui redémarre ! Je me retourne, pour voir mon train corail prendre le large. Un moustachu tient encore une porte ouverte. Je pense à mes bagages qui se font la malle sans moi. Il faut monter. Je n'hésite pas une seconde ; mon sang ne fait qu'un tour. Son dernier. La vie est funambule qui ne tient qu'à un fil.

Quand le vent l'emporte...

– Il faut monter maintenant ?

– Si ça souffle fort demain, atteindre le sommet sera dangereux, peut-être même impossible...

Christian, parti ce matin du Nid d'Aigle, vient de nous rejoindre. À peine a-t-il posé son sac qu'il est déjà prêt à se remettre en route. L'ascension intégrale dans la journée ne l'effraie pas : il est guide. Il doit prendre Pierre et Kathy sur sa corde dans cette dernière portion. Contrairement à Doumé, Christian est un petit gabarit sec et nerveux, varappeur dans l'âme, un de ces guides ne faisant que les courses à leur goût. Or notre équipée lui plaît ! Mais pour moi, continuer dans la foulée de la première étape, sans dormir ici, et m'embarquer dans une longue marche glaciaire après les efforts de la matinée, c'est prendre le risque de ne pas tenir physiquement, d'exploser en chemin.

Les Leclerc et leur guide, Ben, ont décidé de poursuivre. Un couple doublé sur le sentier de Tête Rousse a également choisi de tenter le sommet après le repas. Enfin, le groupe des jeunes arrivé peu après nous se prépare aussi à terminer l'ascension. Nous leur souhaitons bonne chance, tout en restant nous-même indécis sur la tactique à adopter...

Dans le doute de l'épreuve qui m'attend peut-être, je m'évertue à récupérer : étirer les épaules, assouplir les doigts et décontracter les avant-bras. S'il faut repartir, tendons et muscles méritent d'être soignés ! Je m'allonge sur le banc afin de recharger mes batteries. Pour soulager mon genou et le moignon engoncé dans son manchon, je retire ma prothèse. Me voilà nu. Sans elle, je suis un cul-de-jatte, seulement capable de me déplacer en rampant ou en sautant sur les fesses – comme celui qui s'enfuit à bout de bras sur les escaliers du cuirassé *Potemkine* ! Détendu, je savoure l'incongruité de la situation. Que quelqu'un bazarde mon pied par la fenêtre et je reste coincé sur ce banc ! Perché à 3 800 mètres d'altitude, je n'en suis pas moins incapable de fouler le sol.

Pourtant, je me sens si parfaitement à ma place, là, le corps relâché, à souffler et à méditer sur l'ironie du sort.

Les tout premiers plans que j'avais échafaudés pour gravir le mont Blanc prévoyaient une étape à Vallot, et voilà qu'aujourd'hui il n'est même plus question de s'arrêter au Goûter ! Ne serait-ce pas un peu prétentieux ?

Tous les quarts d'heure, j'entends Doumé consulter Ben par talkie-walkie pour suivre l'évolution des conditions. D'accord pour un coup de poker, mais pas pour la roulette russe ! Une neige trop douce ce soir ou un vent trop fort demain, que choisir ? Déjà les nuages s'effilochent. La météo n'est guère précise : impossible de prévoir à quelle échéance le temps – si beau depuis quinze jours – risque de se dégrader.

Les guides sont prêts à poursuivre :

– Si tu as la pêche, on y va maintenant !

Dans l'hésitation, j'appelle à mon tour le bulletin météo de Chamonix :

« Vent prévu en cours de matinée sur le massif du Mont-Blanc, côté français... » Rien de plus clair...

La décision repose entre mes mains, dans ces paumes rugueuses de corne à force d'agripper les béquilles...

Kathy est encore plus indécise que moi. Mais peu à peu, une sensation insolite de puissance tranquille me gagne, comme si l'aiguille du Goûter n'avait pas entamé mes forces.

Je finis par proposer :

– Allons-y ! Si on est trop crevés, on redescend, quitte à réessayer demain...

Kathy acquiesce. Alors, d'un signe de tête, je fais comprendre à Pierre, Bruno et les guides que c'est reparti.

– Je peux me délester du sac à dos ?

– Accordé !

Doumé se charge de ma gourde et des pièces de rechange des béquilles.

Il est 15 heures lorsque nous enfilons cordes et crampons pour la dernière partie de l'ascension, la plus colossale, la plus rude et la plus incertaine. L'ambiance a changé, tout le monde reste silencieux, conscient qu'il n'y a pas une goutte d'énergie à perdre.

Encore mille mètres de dénivelée jusqu'au toit des Alpes…

À la recherche du sang perdu

Je me suis mis à courir, et c'est comme si j'avais foncé tête baissée sur le train. Sans rien voir, rien entendre ni penser, tout droit.

La mémoire refuse de livrer à ma conscience les secondes décisives de cette course. Je dois me résoudre à imaginer comment se raccordent les deux scènes dont le souvenir est intact : l'instant où je commence à courir et celui où je me réveille ruisselant de sang sur les rails.

Qu'un choc brutal à la tête puisse effacer un pan entier de la mémoire, cela se comprend sans peine, mais qu'un traumatisme des jambes produise les mêmes effets, voilà qui me laisse perplexe, aujourd'hui encore.

L'enregistrement de l'accident a été interrompu instantanément. Un fusible a sauté, comme s'il avait fallu protéger l'esprit d'une décharge trop forte, quitte à le laisser dans l'incapacité de retrouver ces ultimes enjambées...

Devrai-je courir le restant de mes jours à la recherche de ce temps perdu ? Ma glissade vers l'enfer deviendra ainsi mon onctueuse madeleine... À croire qu'il me faudra conserver sur le bout de la langue le goût incertain d'un acte manqué et continuer à chercher les mots susceptibles d'en réveiller la violente saveur.

Lapsus révélateur de mon existence, mon faux pas demeurera donc sans ancrage, sans réalité.

Non, je ne reprendrai plus le train en marche. Celui de la vie des bipèdes filera sur ses rails sans moi.

Dans le procès-verbal établi par la gendarmerie, les témoins rapportent chacun une version des faits différente. L'un d'eux m'a vu courir le long du train, tenter de grimper dans un premier wagon, échouer, recommencer au wagon suivant avant de glisser dessous. Selon un autre, le chef de gare s'est précipité derrière moi et m'a attrapé sous les bras, me maintenant en surface pour que tout mon corps ne soit pas happé. Une dame a vu se replier le marchepied sur lequel je m'étais hissé...

J'ai beau lire et relire chaque description, aucun détail n'accroche. Le dossier porte mon nom, mais rien de tout cela ne m'est arrivé. Pourtant, mon billet composté est joint au PV, preuve irréfutable de la réalité évanouie. Sa perforation atteste de mon trou de mémoire, trou noir dans lequel s'engouffrent mes efforts inutiles. Quel que soit l'angle de lecture du rapport de police, quel que soit le témoignage, l'histoire aboutit en bordure de ce gouffre vertigineux qui l'a engloutie. Les petits films parfois burlesques relatés par chacun ne m'offrent décidément aucune prise. Je reste un spectateur détaché puisque je n'ai pas filmé du dedans la scène principale de l'imprudence.

J'ai donc agi « inconsciemment » : l'alchimie des connexions neuronales prenant ce mot au pied de la lettre, rien n'a pénétré ma conscience, rien de rien.

Ma mémoire, la première, a été sectionnée.

Blanche-Neige et les cinq pieds

De grandes pentes de neige et de glace se profilent à l'horizon. Quelques nuages en lambeaux laissent entrevoir un sommet incertain, d'allure inaccessible. À flanc de glacier, une crevasse bée comme la gueule d'une énorme baleine blanche. Stalactites et stalagmites sont autant de fanons dissimulant les entrailles bleu pâle du monstre. Je préfère ne pas l'approcher de trop près, dussé-je en ignorer les sublimes mystères, pourtant Doumé nous emmène frôler les lèvres de ce Moby Dick congelé. Pourvu qu'il reste bien immobile !

La tête baissée, machinalement, je pose en alternance les rondelles à pointes de mes béquilles et le crampon de ma prothèse qui enfonce dans la neige. Au lieu de suivre les méandres de la trace, j'avance comme à mon habitude, droit dans la pente. Les dévers sont mes ennemis :

ils obligent une épaule à supporter tout le poids et le dos à se tordre pour garder l'équilibre. À la longue, c'est éreintant. Mon guide infatigable feint de souffrir de ce raccourci – à moins qu'il ne peine pour de vrai !

Un pieu émergeant de la neige indique enfin notre altitude : 4000 mètres ! La célébration de ce seuil symbolique se réduit à la mastication d'une espèce de caramel mou qui nous colle aux dents et nous transforme, le temps d'une courte halte, en un troupeau d'abominables vaches des neiges…

Deux cents mètres plus haut, le dôme du Goûter est atteint. Nous traversons le replat où deux tentes sont plantées. Un énorme Polonais à la moustache noire givrée, les genoux enfoncés dans la neige, consolide les piquets. Il me dévisage.

– *Where you go* ? grogne-t-il entre deux rafales de vent.

Je ponctue ma réponse d'un signe du menton :

– Là-haut !

– Oh !

Il consulte sa montre : il est 16 heures.

– *It's not good time*, commente-t-il en agitant vigoureusement le bras et la tête. *Too late, too late* !

Nous poursuivons malgré la neige qui ramollit. De temps à autre, une béquille fore un véritable trou. Les épaules n'aiment pas ça. Surprise du manque d'appui, la cuisse augmente son effort pour maintenir l'équilibre, pendant que, d'une bonne traction, les bras s'évertuent à retirer les embouts de leur piège. Ces enfoncements répétitifs cassent le rythme et les muscles. Je rêve que la neige se transforme en bonne glace sur laquelle les crampons viendraient crocher avec appétit, mais l'isotherme zéro plafonne à 4700 mètres.

Un guide descendant du sommet nous prévient :

– C'est la première fois que l'arête des Bosses est aussi molle…

Jamais je n'avais autant douté de mes chances de réussite. Comment passer les fameuses Bosses si ça enfonce autant ? Dans une neige épaisse et fondue, je sais que mon bricolage d'embouts « neige et glace » sera inopérant. Je me souviens d'une promenade dans le Jura où il avait fallu accrocher des raquettes au bout de mes cannes afin d'avancer péniblement. Une autre fois, l'abondance de la neige de printemps m'avait interdit l'accès au refuge Albert Ier : les béquilles plongeaient jusqu'aux poignées !

Pour l'instant je monte, mais pour combien de temps encore ?

Au sommet d'un bon raidillon, nous découvrons la célèbre cabane Vallot, cet abri qui a sauvé tant de vies. Le vent résonne dans le cirque blanchâtre. Il enveloppe de son souffle le refuge juché sur un piton rocheux, il siffle dans les couloirs l'air connu des drames, des sauvetages et des héros de ces lieux. Aussi fameux fussent-ils, le sage Doumé nous déconseille d'y jeter un coup d'œil car les odeurs pourraient nous écœurer et le mal des montagnes nous gagner…

Voir Vallot est déjà une grande satisfaction. Serait-ce le point de non-retour ? Pierre et Kathy sont d'attaque. Bruno aussi malgré ses va-et-vient caméra à l'épaule. Doumé résume la situation d'une phrase :

– On a tenté un coup de poker en partant directement ; maintenant, il faut continuer le bluff tant qu'on peut !

Rien n'est gagné. Les efforts de la longue journée se font ressentir. L'altitude commence à ralentir mon pas. Aurai-je la ressource nécessaire ? Quoi qu'il en soit, je n'ai qu'une seule idée en tête : monter ! Et dépenser avec plaisir jusqu'à la dernière calorie, la dernière goutte de ma sueur, la dernière inspiration de mon souffle.

Malheureusement, la neige toujours plus molle rend chaque marche plus fragile, chaque appui plus incertain. Mon ascension est comparable à celle d'un alpiniste qui s'enfoncerait jusqu'aux cuisses un pas sur deux. Lorsque la trace est assez large, Doumé et Bruno marchent de front devant moi pour tasser la neige. Étrange procession qui me permet de poser chaque béquille à l'aplomb de mes épaules, sans contorsion. Au-delà de l'aide physique, leur solidarité dans l'effort me dope, m'oblige à tenir le coup, pour leur montrer que je suis… à la hauteur.

Néanmoins, dans les premiers lacets de l'arête des Bosses, il devient impossible d'avancer côte à côte. De nouveau, mes béquilles perforent la neige molle. Doumé, Bruno et moi avançons de nouveau en file indienne, inlassablement. Nous formons un animal étrange dont le corps en trois portions reliées par une corde s'appuie sur cinq pattes et sur deux antennes d'inox – mes béquilles. Le piétinement besogneux de cette fourmi alpine parviendra-t-il, pas à pas, vrais et faux, à dérouler un ruban de neige compacte jusqu'au point ultime touché par le soleil ?

Les choses vraiment sérieuses ne font que commencer ; j'ai l'impression que désormais, nous marchons lourdement sur le dos d'un nuage.

BROUILLARD

« Rouge.
Tissu imprégné, pantalon déchiré.
Ça coule sur les côtés.
Magnifique bêtise. Superbe idiotie.
Fantastique ineptie.
Ça coule, ça coule, ça coule.
Rouge.
La toile est traversée. L'écoulement régulier.
Multiples petits filets le long des pans.

Dessous les pierres, le fer.
Le froid des poutres à l'infini.
Le chaud du sang au bout des doigts.
Les rails s'en vont à droite à gauche.
Mourir ? »

Ca brûle ! Au feu ! J'ai mal ! Je ne sens rien d'autre que mes jambes ! Coupées, broyées, fracassées... Ça tire, ça pique, ça lance ! Je gis à plat sur le dos. Le ciel est bleu encore. Un nuage traîne à gauche de mon champ de vision, emporté par le vent d'altitude. Je le regarde, jamais je ne l'oublierai... Entre altocumulus et cumulonimbus... Combien de temps encore pour le contempler ? Je me redresse un peu, jette un œil vers mes pieds. Ah ! ils tirent une drôle de tête... Le sang traverse le tissu, il s'écoule sur les côtés... Et cette douleur terrible... Je le sais, je suis passé sous les roues... Quelle folie ! Mes jambes sont perdues, je vais me retrouver pour la vie en fauteuil roulant...

Des têtes se penchent, nombreuses. Je les devine à peine. Elles sont floues et des points blancs s'immiscent entre elles et moi.

– Vite, vite, appelez les secours !... Faites vite !...

Ah ! qu'ils se dépêchent ! Il faut qu'ils se pressent... Je le leur dis, à tous ces visages disparaissant derrière un halo brumeux. Je les vois à peine. Je souffre comme jamais je n'aurais pu l'imaginer. Des deux côtés, le mal est identique, au-delà du supportable, au-delà du descriptible. Une explosion de souffrances additionnant toutes celles déjà endurées, coupures, brûlures, pincements, fractures, foulures. Toutes associées et multipliées à la puissance mille ! Telle est mon unique perception. J'entends à peine des gens me parler. Je ne cesse de répéter : « Vite, vite ! ». Ma vue se brouille de plus en plus. Les taches blanchâtres se propagent. Ça m'ennuie de ne plus rien distinguer. Calmement, j'en informe le cercle qui m'entoure. Ils paraissent nombreux ; hommes ou femmes ? je ne sais pas... Je donne de mémoire le numéro de téléphone de mes parents : qu'on les prévienne, s'il vous plaît...

Ça y est ! J'entends la sirène. Je les entends très distinctement : voilà les secours ! Vite, vite, qu'ils s'occupent de moi !... La tête en arrière, je jette un dernier coup d'œil au ciel... Où est passé mon nuage, mon petit alto... nimbus ? Le vent l'a sans doute poussé... Ou peut-être est-il caché derrière le brouillard qui embue ma vision...

*

Une ambulance se trouvait par hasard à côté de la gare lorsque le SAMU a reçu une dizaine d'appels paniqués. À son arrivée, les deux tiers de mon sang avaient déjà coulé hors de mon corps par l'artère fémorale sectionnée.

Le chameau à trois bosses

La brume nous aide.

Grâce à elle, personne ne se découragera à la vue des trois bosses, impressionnantes protubérances du dos rond qui nous porte. Le nez dessus, le pied dedans, nul besoin d'anticiper les difficultés ; de toute manière, il n'y pas le choix. Le rythme est plus lent, les pas sont plus lourds. La pente est tellement raide que lorsque je me hisse à bout de bras, mon corps se plie en deux derrière Doumé, et mes cheveux frôlent ses crampons. C'est dans ce passage-là, particulièrement ardu, qu'il faut tenir le coup. Les lacets serrés s'agrippent à de grandes pentes de neige dont la blancheur se confond avec celle du brouillard. La corde est rassurante et, pour le coup, je ne regrette pas la neige douce sur laquelle nos pas s'impriment en toute sécurité.

Impossible de deviner jusqu'où une chute nous projetterait... Certainement en bas, très bas, dans les tréfonds de la montagne...

Nous venons enfin à bout du premier raidillon. Mes forces sont sérieusement entamées. Les épaules crient grâce, les doigts au secours et les biceps au meurtre !

– Le plus dur est fait, assure Doumé.

Une éclaircie furtive laisse entrevoir le chemin restant à parcourir. J'ai du mal à croire que nous soyons encore si loin du but... Heureusement, la brume revient vite cacher ce sommet que nous ne saurions voir. J'ai beau scruter les nuées, je ne distingue plus rien : ce devait être un mirage. La brume dissimule de nouveau l'impossible.

Depuis quand le seuil de mes capacités physiques « normales » est-il franchi ? Je finis « au mental », comme disent les sportifs. En avançant, il me semble flairer le sommet qui se rapproche. Bien qu'épuisé musculairement, je commence à sentir la victoire. Je sais qu'il s'agit désormais de puiser l'énergie au-delà de mon corps. Curieusement, l'émotion me submerge par moments comme une vague. En toute conscience de l'instant d'exception, des limites dépassées, de l'aboutissement de la quête et du rêve devenu réalité, je me dis simplement : « J'y suis » La vague déferle, les larmes montent, me plongeant dans un état second. À chaque assaut, je m'arc-boute et tente de refouler cette euphorie, car même si elle me dope, elle risque aussi de tout faire échouer. Ce n'est pas fini, il faut encore monter. Jusqu'au bout, rester concentré, appliqué sur les appuis, et ne pas vendre la peau du mont Blanc avant de l'avoir gravi.

Michel Édouard Leclerc, sa compagne et Ben descendent du sommet. Nous avons suivi leur progression par talkies-walkies. Je me demandais quand nous allions les croiser. Ils arrivent au bon moment !

Je demande :

– Il y a encore deux raidillons ?

– Oui, mais de toute manière, tu ne vas pas t'arrêter là ! m'encourage le patron vedette de la grande distribution.

Des courses, j'en ai certainement fait dans ses magasins, en tout cas, en voilà une que nous aurons accomplie ensemble ! Ils sont époustouflés de me voir là et expriment leur enthousiasme avec sincérité. Quant à Ben, dont j'admire l'aisance, il semble prêt à tout pour que je réussisse. Nous ne nous connaissons pas, ils ne sont rien pour moi, pourtant leur admiration et leurs encouragements me portent, relayant mes muscles et mes béquilles.

Un peu plus loin sur la magnifique arête, nous croisons la joyeuse troupe de Saint-Étienne. À nouveau, leurs éloges et leur soutien me galvanisent. Ils me transmettent la joie et l'énergie de leur réussite dans leur langage explosif :

– La vérité, on a hurlé, on a tous pleuré ! Toi aussi... ma parole, respect ! Tu vas y arriver ; plus qu'une grosse montée ; c'est celle qui tue le plus, ma parole...

Ils rivalisent de compliments et d'exhortations :

– Tais-toi, tais-toi, ne lui dis rien ! Tu vas voir, ça va passer. Bravo ! Bravo ! Respect ! Allez, vas-y !

C'est un cliché : les hommes sont égaux devant la montagne. Là-haut, sur une arête de neige où l'on se croise à peine, une bande de jeunes défavorisés, un grand chef d'entreprise et un double amputé se sont retrouvés identiques et solidaires face à l'effort et à l'immensité de la nature. Ce soir du 15 juillet, ils ont partagé le dernier rayon du soleil sur le plus haut sommet qu'ils venaient pareillement de conquérir. Ce hasard de calendrier et cette convergence donneront à leur ascension une dimension inattendue : horizontale !

Combien de fois ai-je essayé d'apprécier la largeur de la trace sur cette ultime portion de la crête sommitale ? Combien de photos détaillant les bosses du chameau ai-je scrutées ? Quel alpiniste de ma connaissance n'ai-je pas saoulé de mes questions à propos de l'échine du dromadaire ?... Personne ne savait comment deux béquilles pourraient se poser de chaque côté du fil du rasoir. Et nous y voilà ; je tiens ma réponse. L'œil rivé sur la trace, je me rends compte que j'y suis lorsque je ressens, sans le regarder, le vide à droite comme à gauche. Le dévers de la troisième bosse m'avait imposé de raccourcir ma canne côté paroi, quand il ne fallait pas la troquer contre le piolet. Or, si mes béquilles sont encore réglées « en dahu », maintenant, le dévers a disparu. Ici, le vent, la maladresse, la fatigue et le croisement de cordées projettent chaque année des malheureux vers l'abîme. Les guides expliquent que si le client tombe d'un côté, la parade consiste à se jeter aussitôt de l'autre. Il faut oser...

Alors je me tais.

J'oublie mes problèmes de dahu et je garde le contact avec le guide, avec la neige, avec la terre. Avec la vie. Seule compte la trace. La pente à droite paraissant moins abrupte, en cas de faux pas, c'est par là qu'il vaudra mieux plonger. J'avance plus courbé que d'ordinaire, le plus sûrement possible, dans un ultime effort de concentration.

Je ne pense plus à rien.

Infailliblement calme et rassurant, Doumé annonce :

– Ça y est, on arrive.

Mes bras n'en peuvent plus de me porter. Le dénouement me semble long, infiniment long à venir. Doumé s'arrête, s'écarte et me propose :

– Passe devant, c'est ton sommet.

La trace s'élargit enfin et s'aplatit peu à peu. Les derniers dix mètres s'arrondissent. Nous sommes seuls.

Seuls sur la bosse.

Bon sang de bon sang

Ils s'agitent autour de moi. Je les entends sans les voir. Trop de brouillard devant mes yeux. « Un, deux, trois… » On me porte sur un brancard… La douleur est terrible… Tout éclate. Sensation que mes jambes ont explosé, bombardées de l'intérieur. Une brûlure infernale. On me transporte dans l'ambulance. Je les entends s'affairer. Un masque à oxygène est posé sur mon nez. Ils me piquent. Je ne sens que mes jambes… Cette douleur est trop forte, elle annule tout le reste. Sang. Morphine. Ils me remplissent. Je tends l'oreille malgré moi. À droite, la voix d'une femme. Je crois apercevoir une blouse blanche. Elle me parle de temps en temps, me tranquillise. J'attrape sa main. Fraîche, un peu froide. Ça fait du bien. Je ne veux plus la lâcher. Elle la réclame, en a besoin pour me soigner. Je l'abandonne, mais la reprends dès que possible. C'est fou comme ça me rassure !

Eh là ! Qu'est-ce qu'ils font ? Des coups de ciseaux dans mes vêtements ! Le pantalon d'abord... enfin, ce qu'il en reste ! Ils tailladent maintenant mon caleçon. Mince alors, ça me gêne ! Pour un peu, je rougirais, ce qui aurait au moins le mérite de redonner de la couleur à mon visage !

J'explique à la blouse blanche que je vois de moins en moins bien. Ça brûle toujours... J'ai mal !

La voix d'un homme à l'avant, le chef sûrement, s'élève au-dessus des autres :

– Sur quelle route ils sont, bon sang ? sur quelle route ?

Il est furieux, il répète de plus en plus fort :

– Sur quelle route, bon sang ? On les a loupés !

Je crois qu'on s'arrête.

La communication radio est mauvaise. Je ne perçois qu'un grésillement. Je veux savoir. Ils sont nerveux. J'ai l'impression qu'ils regardent tous vers l'avant. Ils parlent fort dans la radio. Quelques bribes de la conversation me parviennent :

– Au croisement de la départementale et...

Si j'ai bien compris, nous devons rencontrer une autre ambulance venant en sens inverse... On doit la rejoindre très vite : je n'aurai pas assez de sang pour tenir jusqu'à l'hôpital. La dernière poche de perfusion est presque vide. Si de nouvelles n'arrivent pas immédiatement grâce à l'autre véhicule du SAMU, il sera temps pour moi de saluer ce monde et de fermer une dernière fois les paupières. Je ne peux pas croire que ce soit terminé. Dévorer encore, toujours, tout le temps. Avec gourmandise ou raffinement, dévorer la vie. Les quelques secondes qui me restent.

Tenir, bon sang, tenir !

Septième ciel

Petit dôme blanc, me voilà donc !

Je me hisse au point précis qui dominait mon horizon, je marque ta neige éternelle de ma trace évanescente. Mes trois appuis originaux s'impriment sur ton illustre téton. Petit dôme blanc si souvent observé avec admiration et envie, couvé du coin de l'œil au fil de mes balades, caressé du regard soir et matin, petit dôme, je me fonds enfin en ton paysage. Je te vois, je te tiens, là, sous mon faux pied. Majestueux de loin, inaccessible de dessous, tu deviens, vu du haut de mes béquilles, un sommet accueillant. Tu m'as laissé approcher dès la première tentative. Combien de randonneurs s'y sont-ils repris maintes fois pour accéder à cet honneur ?

Il est 19 h 30.

La caméra de Bruno et l'appareil photo de Pierre se gorgent des images du sommet conquis. Versant italien surtout, la vue se dégage sur les arêtes de granit rouge tandis qu'une nappe grise cache les pentes du Jura au-delà de Genève. L'incomparable panorama étale sa beauté sur trois cent soixante degrés. Aucune masse verticale n'entrave plus la perspective, l'horizon est libre, le regard peut courir au plus loin de son acuité, décider seul de ses limites. Avant d'aller m'asseoir en contrebas du sommet, à l'abri du vent, pour reprendre des forces, je plante une dernière fois avec épuisement mais délectation le crampon de ma prothèse dans la neige éternelle ; ses pointes métalliques émettent un petit bruit sec en mordant la calotte gelée. Je tends le genou, je m'étire de toute ma hauteur pour profiter du plaisir fugitif de cet équilibre instable sur le point culminant du continent.

Pendant la préparation de l'ascension, dans la supposition optimiste où j'atteindrais mon objectif, en mon for intérieur, j'avais prononcé quelques serments. Là-haut, pensais-je alors, je dédierais ma conquête à mon père décédé et à mes fistons plus vivants que jamais. Souvent, lors des marches d'entraînement, l'image de l'un ou des autres m'apparaissait, stimulant mes efforts. Les traits de mon jeune père ravagés par la maladie, et même son visage funèbre, stimulaient ma rage de monter. Alors je ne comprends pas, et je suis même un peu désolé, que la demi-heure passée sur le toit de l'Europe ne m'ait pas inspiré le recueillement auquel je m'étais préparé. Une émotion incommensurable m'a bouleversé, mais sans s'annoncer et sans que je puisse la dénommer. Seul existait le bonheur intense du but atteint où tout se fond, où plus rien ne se distingue.

Je m'allonge dans la neige. Quel plaisir de se détendre enfin sur le dos, les vertèbres relâchées, bras et moignon de jambe soustraits à la pression ! Se sentir simplement vivant, délivré de la douleur, à l'extrémité de ses forces, au bout de son rêve, au-delà de l'imagination. J'ai atteint le sommet du mont Blanc !

Tout en remerciant les guides, je fais coulisser l'emboîture de ma prothèse sur son manchon pour la retirer. Doumé attrape alors ma fausse jambe et la brandit au-dessus de sa tête, comme un trophée.

– Ça, c'est du sommet ! s'écrie-t-il.

Jamais pied n'était monté aussi haut !

C'est inouï d'être là, sans jambes, comme nu sur un nuage. L'impression est surréaliste. Le ciel s'est dégagé et je pleure de joie.

Je l'ai reconnu, avec son vaisseau blanc, entre altocumulus et cumulonimbus : c'est le même, le dernier ciel de ma première vie ; lui aussi, il a accompli sa révolution.

RIDEAU

C'est la fin.

Drôle de mort que je vis là. Dans un lieu inconnu, au milieu d'anonymes et pour une raison qui restera ignorée de tous, le linceul va me recouvrir. La sirène résonne dans la nuit tombante. Le bruit des instruments qui enregistrent mes pulsations cardiaques accélère son rythme...

Le sang pisse, mon corps est une fontaine. L'acier tranchant des réas des wagons a coupé mes jambes en biseau. De l'artère fémorale épaisse comme un doigt gicle ce liquide que je préfère ne pas voir. Le jus rouge dont j'étais rempli, carburant de ma vie, se déverse, coule, dégouline. Puisse-t-il en rester encore !

Les évanouissements se succèdent, préambule d'une perte de conscience définitive. Pourtant je ne m'en rends pas compte, il ne me semble même pas avoir cligné des paupières. Ces absences qui n'ont pas eu lieu ne peuvent donc pas influencer la continuité de ma vie. Se pourrait-il que d'un coup, hop ! je meure sans m'en apercevoir ?

Des minutes passées dans l'ambulance entre les mains des urgentistes, il me reste le souvenir d'un bourdonnement continu, un voyage au bout du jour, sans départ ni point final, parfaitement immobile. Seule demeure la sensation prégnante de la lumière qui s'enfuit de mon cercueil clignotant et hululant. Je ne vois rien ni ne sais rien des soins désespérés qu'on me prodigue ; je n'ai aucune idée du nombre de personnes à mes côtés ; j'ignore le trajet de mon corbillard emballé. Insensible au tumulte de la sirène, du moteur, des instruments médicaux, des jurons et des ordres, je ne suis plus réceptif qu'au jour rougi qui peu à peu fout le camp. Le sang coule, l'ambulance fonce à tombeau ouvert, mon pouls file, tout va très vite, mais pour moi, le temps est figé ; il n'y a plus de métronome à la frontière de la mort.

Je tiens toujours la main de l'infirmière. Avec ce qui me reste de force, je presse ce dernier lien avec la vie. Je l'aime ! Je ne pense plus qu'à elle. Ne pas la lâcher, cette main qui me paraît toujours si fraîche… Comme je l'aime ! J'ai besoin d'elle. Cette infirmière dont je ne saurais reconnaître ni le visage ni la voix n'a peut-être jamais réalisé à quel point je me suis accroché à ses doigts comme un noyé à une branche providentielle. Malgré la douceur de sa peau et de sa voix qui me parvient quelquefois, l'angoisse m'assaille… Les « merde ! » et les « qu'est-ce qu'ils foutent ? » hurlés à l'avant ne sont pas de nature à m'apaiser. Alors je serre, je presse, je crochète la main de ma sauveuse. Durant les phases de conscience, je tends l'oreille, mes yeux s'écarquillent, mais je ne discerne plus rien, seulement un voile blanc au-dessus d'ombres colorées.

Soudain, j'entends clairement le chauffeur s'écrier :

– C'est eux ! Ils sont là !

D'abord lointaine, puis de plus en plus forte, une deuxième sirène retentit. Je remarque encore que les deux alarmes hurlent bientôt de concert. Maintenant je peux m'endormir tranquille. J'ai confiance. Je peux me relâcher, délivrer de ma poigne la main bienveillante. Quel soulagement !

Je suis sauvé... Je ferme les yeux ; je lâche les doigts ; le rideau blanc se ferme enfin complètement.

*

À ce moment-là, dans l'ambulance, médecins et infirmières me voient perdre conscience sans plus pouvoir me réveiller. Alors que des réserves de sang sont transférées d'un véhicule à l'autre, je quitte ce monde pour aborder l'autre. J'abandonne le combat, je renonce à l'éveil, à la vie, pour goûter au laisser-aller, jouir du renoncement et savourer l'oubli. Une poche de sang neuf est quand même perfusée, dernière tentative pour me retenir ici-bas. Cliniquement, il est trop tard. L'électrocardiogramme se tait ; il n'y a plus de doute.

Je suis mort.

Remarques « posthumes »

Faux pas est en lui-même un dérapage. En puisant sa matière dans deux expériences de mon existence, je suis tombé dans le travers de mon époque : une tendance à s'épancher publiquement que Régis Debray appelle avec pertinence le « tout à l'Ego ». Tout à l'opposé de mes goûts.

Peu après notre ascension du mont Blanc, Bruno a monté un film qui a reçu un bel accueil dans les festivals d'images de montagne. C'est ainsi que lors d'une présentation pour TV8 Mont-Blanc, j'ai rencontré Jean-Michel Asselin, lecteur pour les éditions Glénat. Il s'est montré enthousiaste à l'idée d'un récit. C'était parti : je plongeai dans le paquet de notes rédigées durant mon hospitalisation.

Débutant dans le maniement des mots, j'ai choisi la facilité : accident et ascension s'imposaient comme les ingrédients à associer pour donner forme à cette histoire inimaginable.

Voilà que se présentait une chance de plus dans ma vie clopinante !

Que sont les difficultés de porter tous les jours de fausses jambes quand existe le plaisir de chercher les mots justes pour transcrire une aventure que mes enfants, comme mes amis, et tous ceux que je rencontre brûlent de connaître enfin ?

Tout tient à ce plaisir d'écrire, et à l'idée de venir à bout d'un projet de livre comme je suis parvenu au sommet du mont Blanc.

Pourtant, entre mon activité professionnelle au Centre européen de recherche nucléaire (CERN) à côté de Genève, ma triple paternité et mes engagements sportifs de skieur assis de l'Équipe de France, l'écriture de ce livre était une gageure. Elle m'a demandé un temps fou, des heures de solitude après l'éducation de mes trois garçons déchaînés, les entraînements pour deux Olympiades hivernales et mon travail accaparant au cœur des bibliothèques digitales.

Mais du début à la fin, le plaisir de tourner sept fois la plume entre mes doigts avant d'écrire est resté intact.

J'espère que les lecteurs ne verront dans ce livre ni un entonnoir narcissique ni davantage une tentative de thérapie à bon compte. Les dix-neuf dernières années m'ont largement permis de faire le deuil de mes membres inférieurs.

Dix-neuf années sur des jambes de chairs et d'os contre dix-neuf années suspendues « hors sol » : mes deux vies ont la même durée aujourd'hui. Au moment d'apposer le point final à mon récit, j'atteins un curieux équilibre où les faux pas égalent les vrais. C'est certainement un hasard de calendrier, toutefois je ne peux m'empêcher de considérer avec circonspection la coïncidence de ce point d'équilibre avec ce point final.

Comme si, les faux pas chassant les vrais, mon texte effaçait les empreintes de mes foulées naturelles. L'écriture n'aurait d'autre mission que d'honorer mon nouvel équilibre ? Reposant sur la pointe arrondie d'un calcanéum, il est bien instable ! Il m'est arrivé de penser que mon corps taillé en biseau ressemblait à une plume, un stylo encre au réservoir de sang. J'ai écrit mon histoire avec ce stylo-là.

Faux pas